Joanna Maria Otto

Quantenphysik und Meister Eckhart

Joanna Maria Otto

Quantenphysik und Meister Eckhart

Die mystische Dimension der Naturwissenschaft

Crotona

1. Auflage 2019
Deutsche Originalausgabe
Crotona Verlag GmbH & Co.KG
Kammer 11 • 83123 Amerang
www.crotona.de

Umschlaggestaltung: Annette Wagner

Druck: CPI • Birkach

ISBN 978-3-86191-105-0

Inhalt

Vorwort

Nachdem ich die erste Fassung dieses Buches abgeschlossen hatte, ließ ich es eine Zeit lang ruhen und wusste nicht recht, wie es weitergehen sollte. Ein Freund fragte mich, was ich mit diesem Buch denn wolle und wo ich damit stünde, und ich bemerkte Folgendes: Meine bisherige Art, mich Themen und Projekten, also auch diesem Buch, zu widmen, war zutiefst geprägt davon, die Dinge irgendwie greifbar zu machen, festzuzurren in etwas Konkretes, woran man sich halten könnte, und je mehr ich recherchieren musste, desto mehr verspürte ich meinen Widerstand dagegen, immer mehr Informationen zu erhalten, die ich irgendwie zusammenbringen musste. Ich suchte nach etwas Festem, Endgültigem und sperrte mich gegen ein „work in progress". Ich wollte etwas Fertiges haben, sobald ich auch nur begonnen hatte. Ich gestand mir ein, dass mich dies schon mein Leben lang begleitete und vermutlich daran lag, dass ich mein Leben lang nach Halt und Orientierung gesucht hatte. So stürzte ich mich in die Wissenschaft in dem Irrglauben, hier etwas „Festes" zu lernen. Dass die Wissenschaft sich eigentlich dadurch auszeichnet, sich immer wieder mutig dem Abgrund des noch nicht Bekannten zuzuwenden und immer wieder bereits Bekanntes infrage zu stellen und über den Haufen zu werfen, wusste ich damals noch nicht. Doch suchte ich mir ja ausgerechnet die Biologie aus, die Lehre vom Leben, vom Lebendigen, was in sich natürlich nicht fest sein kann. Im Studium der Biologie, insbesondere der Neurobiologie, war ich fasziniert davon, wie der Mensch funktioniert, in seiner Umwelt lebt und mit ihr interagiert.

Doch nach meiner Promotion stellte ich fest, dass mir das noch zu wenig mit dem Leben und mit dem Menschen an sich zu tun hatte. Also lernte ich mehr über Psychologie und darüber, wie der Mensch als Ganzes, als psycho-physische Einheit, zu betrachten ist und sich selbst dabei so oft im Wege steht. Die Ausbildung in der F.M. Alexander-Technik eröffnete mir ein neues Feld an Lebendigkeit sowie kraftvollem und gleichzeitig leichtem Handeln. Parallel vertiefte sich meine Suche nach einem höheren Sinn und Ziel – und ich ließ mich taufen. Ich staunte über die Texte im Evangelium und stellte fest, wie sehr die Schule des Loslassens und Vertrauens der Alexander-Technik mit dieser alten Überlieferung und mit dem zusammenpasste, was ich in den Texten des dominikanischen Mystikers Meister Eckhart fand.

Ich war fasziniert davon, als kontemplative Nonne fast 800 Jahre nach seinem Tod in die Schule dieses Lehr- und Lebensmeisters zu gehen. Seine Texte und die schriftlichen Anweisungen in den kontemplativen Exerzitien von P. Franz Jalic SJ halfen mir und gaben mir die Richtung vor, als ich niemanden sonst als Wegweiser hatte.

Nach meinem Austritt aus dem Orden kam ich als Lehrerin für Biologie und Physik natürlich auch mit der Quantenphysik in Kontakt, staunte nicht schlecht und machte mich, „beauftragt" durch eine gute Freundin, daran, die Dinge zusammenzutragen, die mir in meinem Leben bisher begegnet waren.

Es werden kurze Abrisse dessen, was man in den entsprechenden Lehrbüchern getrennt natürlich viel genauer nachlesen kann, doch möchte ich versuchen, mein Verstehen in einfacher Sprache und doch so genau ich kann darzulegen, wohl wissend, dass sowohl Meister Eckhart als Prediger um die richtigen Worte rang, da es nicht in Worte zu fassen ging, was er vermitteln wollte, als auch der Physiker Niels Bohr sagte: „Die Quantentheorie ist so ein wunderbares Beispiel dafür, dass man einen Sachverhalt in völliger Klarheit verstanden haben kann und gleichzeitig doch weiß, dass man nur in Bildern und Gleichnissen von ihm reden kann." [1)]

Wie ich nun bei diesem „work in progress“ erfahren habe, geht es mir nicht darum, Aussagen darüber zu treffen, wie sich die Dinge genau verhalten, wie man es von einem Wissenschaftler wohl gerne hören würde, sondern Mut zu machen, sich auf den eigenen Erfahrungsweg zu begeben, sich dem Unbekannten und Grenzenlosen, dem ewigen Wandel der Gegenwart und dem Lebendigen zu öffnen, zu vertrauen und genau darin einen festen Halt zu finden.

Joanna Otto
Berlin, 2018

1

Realität – Ist das real, was ich dafür halte?

Die Frage nach Realität und Wirklichkeit ist so alt wie die Menschheit. Seit Menschen denken und träumen, haben sie sich die Frage danach gestellt, was real und was Illusion ist und wer oder was die Realität erschafft. So schrieb beispielsweise Platon in seinem siebten Buch der „Politeia" bereits um 400 v. Chr. in seinem berühmten Höhlengleichnis von einer Welt der Schatten in einer Höhle, die seine Bewohner für die Realität halten, und über die Welt der reinen Ideen, der wirklichen Realität als höchster Instanz außerhalb der Höhle, von der die Höhlenbewohner, die die Höhle nicht verlassen können, nicht einmal etwas ahnen.

Diese Bewohner verließen sich auf das, was sie sahen; und auch heute würde vermutlich noch mancher schlicht behaupten, dass real sei, was man sehen oder zumindest mit einem anderen Sinn erfassen könne.

Dazu möchte ich Ihnen ein kurzes Experiment vorschlagen: Schließen Sie das rechte Auge und betrachten Sie mit dem linken Auge das Kreuz. Vergrößern oder verkleinern Sie nun Ihren Abstand zur Seite so weit, bis Sie etwas bemerken…

Der Kreis verschwindet, oder? Aber er ist doch real! Oder nicht?

Dieses Phänomen ist ganz simpel durch den sogenannten blinden Fleck auf unserer Netzhaut zu erklären. An dieser Stelle bündeln sich die Nervenfasern unserer Netzhaut, um als Sehnerv das Auge zu verlassen und die visuelle Information zum Gehirn zu leiten. Da jedoch die Netzhaut so konstruiert ist, dass die Nervenfasern nicht nach hinten weg führen, sondern vor der lichtempfindlichen Schicht liegen und somit durch diese hindurchtreten müssen, kann an dieser Stelle kein Licht wahrgenommen werden, und wir sind für alles in unserer Umwelt, was als Abbild auf diese Stelle in der Netzhaut trifft, blind. Wie Sie bemerkt haben, haben Sie jedoch nicht einfach nichts gesehen, kein Loch oder etwas Ähnliches, sondern einfach eine weiße Fläche, so wie das Papier. Also haben Sie doch etwas gesehen, nämlich weißes Papier, das an dieser Stelle jedoch nicht existiert! Das Gehirn hat es erfunden! Es füllt die Lücken einfach mit der Umgebungsinformation auf, um uns vor dem doch sehr irritierenden Eindruck zu bewahren, unsere Umwelt hätte ständig irgendwo Löcher.

So einfach ist das mit der Realität also nicht…

Dennoch verlassen wir uns auf unsere Sinne oder auf geeignete Hilfsmittel, und die moderne Naturwissenschaft hat sich zum Ziel gesetzt, möglichst objektiv und ohne Beeinflussung die Realität erfassen und ihre Parameter wiederholbar und somit wahrhaftig bestimmen zu können. Fast jeder aufgeklärte Mensch dürfte seit Isaac Newton und den ewig geltenden Naturgesetzen davon überzeugt sein, dass es eine Realität gibt, die unabhängig von uns und außerhalb unseres Bewusstseins existiert.

Aber ist das tatsächlich der Fall? Wie kann man das beweisen? Jeder Versuch dazu schließt letztlich einen denkenden Geist, ein Bewusstsein mit ein. Eine unabhängige Existenz kann also nur

Theorie bleiben, obwohl bestimmt viele davon überzeugt sind. Existiert alles also bloß in Abhängigkeit vom Beobachter und seinen gewählten Mitteln?

Jeder Wissenschaftler weiß, dass die Wahl seiner Mittel ganz entscheidend zum Ausgang seines Experiments beiträgt. Wenn man nur in einer Richtung sucht, wird man auch nur dort etwas finden und ist für den Bereich nebenan eben gleichsam blind. Wenn man mit einer Lupe sucht, kann man keine großen Gegenstände erkennen. Das nimmt man in Kauf, da man davon ausgeht, dass man selbst mit seiner Beobachtung die Existenz dessen, was man beobachtet, oder dessen, was möglicherweise nebendran liegt, nicht verändert. Oder doch? Die moderne Quantenphysik behauptet nämlich in beunruhigender Weise etwas anderes, wie wir weiter unten sehen werden; denn in ihr ist Bewusstsein die grundlegende Basis der Realität.

Ist die Realität gar von unseren Gedanken selbst abhängig? Schließlich sind unser Denken und unser Wille dafür verantwortlich, was wir tun und wie wir es tun. Im vordersten Teil unseres Gehirns, dem sogenannten Präfrontalen Cortex, liegt die Steuerzentrale für willentlich ausgeführte Handlungen. Von dort gehen die Handlungsimpulse über Nervenbahnen zur Verrechnung zu Arealen mit sensorischen und motorischen Funktionen und hinab in tiefere Gehirnschichten zum Abgleich mit früher abgespeicherten, gewohnheitsmäßig ausführbaren Handlungsmustern. Das Kleinhirn mischt zur Feinabstimmung auch noch etwas mit, und dann gelangen die Befehle über das Rückenmark zu den ausführenden Muskeln und über den Hypothalamus – die hauptsächliche Schaltstation für Hormone – zu inneren Organen sowie Drüsen und Immunsystem. Wir können nicht nur Dinge anpacken, wir können auch ganz entscheidend darauf Einfluss nehmen, wie bestimmte Dinge ausgehen, die wir anpacken. Unsere innere Haltung bestimmt unsere äußere Haltung, indem unsere Gedanken auf die Körpermaterie Einfluss ausüben und sie steuern: Die Organe, die Muskulatur, die Emotionen und sogar unsere Wahrnehmung der Umwelt. Diese Erfahrung hat bestimmt jeder schon gemacht, wenn er das Leben wie durch eine rosarot gefärbte Brille oder eben auch einmal ganz schwarz gesehen hat. Wenn wir meinen, etwas gelingt, gelingt es auch – oder eben andersherum auch nicht. Das ist die Grundlage der sogenannten sich selbst erfüllenden Prophezeiungen. Wir erzählen uns leider nur allzu viele innere Sätze, die unser Leben beeinflussen, ohne dass wir das so wollen oder auch nur bemerken.

Viele kluge Leute haben sich darüber Gedanken gemacht, und es gibt viele Coaching Ansätze, die uns helfen sollen, unser Leben konstruktiv und erfolgreich zu führen. Auf diese möchte ich hier gar nicht eingehen, sondern nur meine Erfahrungen, die ich mit der von F. M. Alexander entwickelten Technik gemacht habe, schildern. Sie beschäftigt sich damit, wie wir uns selbst möglichst gut so steuern können, wie wir es möchten, ohne uns von irgendwelchen Gewohnheiten im Denken oder Handeln bestimmen zu lassen, die wir nicht haben möchten.

Wir werden uns aber noch damit befassen müssen, was Gedanken eigentlich sind und wie sie wirken können. Normalerweise stellen wir uns die Gedanken wohl vor wie mehr oder weniger logische Schlüsse, die uns in Form unserer Sprache so durch den Kopf gehen, die uns helfen, unser Tun zu planen und etwas zu durchdenken, bevor wir handeln. Dazu kommen natürlich noch die eher unbewusste emotionale Einfärbung des Ganzen und schließlich eine Form von Bedeutung oder Relevanz.

Neurologisch passiert dabei Folgendes: Die Sinnesorgane nehmen Informationen aus der Umgebung (oder auch dem Körperinneren) auf und geben sie über Nervenbahnen zum zentralen Nervensystem weiter. In der Großhirnrinde gibt es, wie bereits gesagt, sensorische Areale, wo diese Informationen eintreffen. In den sogenannten Assoziationsarealen wird dann eine Repräsentation der Umwelt erzeugt. Anschließend werden die Signale an das sogenannte Limbische System im Schläfenlappenbereich des Gehirns, also in der Tiefe, seitlich am Kopf, weitergeleitet, wo sie mit Gefühlen verbunden werden. Dieser Teil des Gehirns ist verantwortlich für die Verarbeitung von Sprache, das Erkennen von Gegenständen, für das Gedächtnis, für Gefühle und für die Erstellung von Sinn und Bedeutung. Von dort führt eine Feedbackschleife zurück, wieder zur Oberfläche der Großhirnrinde, und informiert diese über den Gesamteindruck von der Außenwelt und die damit verbundenen Gefühle und schafft ein Bewusstsein dafür.

Nun wissen wir aber immer noch nicht, was genau Gedanken eigentlich sind und was im Gehirn vor sich geht – und auch noch nicht, was Bewusstsein ist.

Die Detail-Fragen über die Vorgänge im Gehirn müssen wir auf spätere Kapitel vertagen. Nun soll es erst einmal allgemeiner um das Bewusstsein und mögliche Definitionen gehen.

2

Bewusstsein – Ist Existenz an Bewusstsein geknüpft?

Um klären zu können, ob die Realität mit oder ohne Zutun unserer selbst existiert, müssen wir wohl zunächst etwas darüber verstehen, wie wir die Realität oder das, was wir dafür halten, wahrnehmen, und warum wir etwas für real halten. Wie kommt es, dass ich mir selbst und meiner Umwelt bewusst bin? Wie unterscheide ich zwischen mir und meiner Umwelt?

Wie Sie oben bereits erfahren haben, nehmen unsere verschiedenen Sinne (Sehen, Hören, Riechen, Schmecken, Tasten, Gleichgewicht) Informationen aus unserer Umwelt und auch von unserem Inneren (Muskelspannung, Gelenkstellung, Schmerz, Temperatur sowie Blutdruck, Kohlenstoffdioxidgehalt im Blut etc.) auf und leiten sie zum Gehirn, das diese Informationen sammelt, ordnet und bewertet. Aus diesen Informationen erzeugt das Gehirn sozusagen ein Abbild von uns und unserer Umgebung sowie einen Bezug zwischen beiden.

Die Psychologie und auch die Kunst spielen mit Phänomenen der Subjekt-Objekt-Trennung, in denen es darum geht, zu unterscheiden, welche Bildinformation zum Vordergrund oder zum Subjekt gehört und welche den Hintergrund darstellt. Sicher kennen Sie das Bild der alten und der jungen Frau oder ähnliche Vexierbilder oder die Rubinsche Vase, in dem entweder zwei menschliche Köpfe im Profil oder aber eine Vase zu erkennen sind.

Dass wir eine solche Unterscheidung überhaupt treffen können, ist nicht trivial, wie diese Bilder zeigen, denn die eigentliche Bildinformation bietet beide Möglichkeiten und gibt keiner den Vorzug. Hier kommt also viel Erfahrungswissen ins Spiel und immer wieder der Abgleich von Informationen. Ein weiterer Abgleich ist beispielsweise zu treffen, wenn es zu entscheiden gilt, ob ich eine Bildbewegung durch Drehung des Kopfes selbst erzeugt habe oder ob sie von außen entstanden ist. Die Biologen Erich von Holst und Horst Mittelstaedt erklärten derartige Verrechnungsleistungen 1950 mit dem sogenannten *Reafferenz-Prinzip*, indem stets das Kommando der Eigenbewegung als Kopie mit der eingehenden sensorischen Information verrechnet wird. Bleibt nach der Verrechnung noch eine Bewegungsmeldung übrig, so muss sie von der Umwelt stammen. Wie man heutzutage vermutet, ist dieses Verrechnungsprinzip auch entscheidend an der Selbst-Wahrnehmung und unserem Selbst-Bewusstsein beteiligt.

Der Psychiater Thomas Fuchs gab in seiner Antrittsvorlesung an der Universität Heidelberg einen präzisen Überblick über den Begriff der Person in der Psychiatrie und erklärte Persönlichkeitsstörungen anhand von Defiziten in eben diesen Prozessen. Der Sinn für das eigene Selbst wäre demnach ganz entscheidend davon abhängig, dass auch die Umgebung als solche in einer teilnehmenden Beziehung wahrgenommen werden kann. Er schreibt: „Entscheidend für die einfache Evidenz des Daseins ist (…) das leiblich-emotionale Grundempfinden, das dem Kernselbst des Säuglings entspricht, und in das die Selbstreflexion eingebettet bleiben muss (…)."

Wenn ein schizophrener Patient, während er etwas sieht, nicht mehr weiß, dass er sieht, erkennt er nichts mehr, sondern sieht nur noch rätselhafte Bilder, die für ihn keinen Sinn ergeben. Er schreibt weiter: „Für einen Menschen in diesem Zustand äußerster Entfremdung gibt es kein Kriterium mehr, das ihn von der Realität seiner Wahrnehmungen überzeugen könnte. Ein nur denkender, nicht leiblich fühlender Mensch „lebt" nicht mehr, nämlich im Sinne des lebendigen Existierens, das allem Denken zugrunde liegt. (…) Wir erkennen uns im Spiegel unseres Bewusstseins nur wieder, wenn uns das elementare Selbstempfinden nicht verloren geht, das uns zugleich mit der Welt und den anderen verbindet."

Wir müssen natürlich auch mit betrachten, dass es verschiedene Formen des „Ich" gibt: Ein Wahrnehmungs-Ich, ein Gedächtnis-Ich, ein emotionales Ich und so fort, und alle diese Bereiche können durch Störungen beeinträchtigt werden.

Bestimmt kennen Sie den berühmten Ausspruch von René Descartes: „Ich denke, also bin ich." Nach dem Ausflug in die Persönlichkeitsstörungen können einem da ernsthafte Zweifel kommen: Ist Denken überhaupt zwangsläufig mit einer bewussten Ich-Struktur verknüpft? Was ist denn überhaupt ein Bewusstsein? Gibt es ein Bewusstsein oder ein Denken ohne Körperlichkeit überhaupt?

Einen Weg, Bewusstsein in verschiedenen Abstufungen zu betrachten, entwarf der amerikanische Physiker Michio Kaku, Autor zahlreicher populärwissenschaftlicher Bücher, in seinem Buch „Die Physik des Bewusstseins". Er stellt seinem mehrstufigen Modell eine erste Definition voran:

„Bewusstsein ist der Prozess, unter Verwendung zahlreicher Rückkopplungsschleifen bezüglich verschiedener Parameter (z.B. Temperatur, Raum, Zeit und in Relation zueinander) ein Modell der Welt zu schaffen, um ein Ziel zu erreichen (z.B. Geschlechtspartner, Nahrung, Unterschlupf usw. zu finden)." [1)]

Hier kommt schon wieder der Begriff „Rückkopplungsschleife" vor. Vorhin hieß es einmal „Feedbackschleife". Was ist das noch einmal? Darunter verstehe ich hier eine Anordnung von Sensoren, Leitungen und ausführenden Organen. Ein einfaches Beispiel hierfür ist ein Thermostat an der Heizung: Ein Fühler misst die Raumtemperatur und gibt diese als Information an ein Steuergerät weiter. Wenn die eingehende Temperaturinformation von der eingestellten, gewünschten abweicht, wird die Heizung angeheizt oder gedrosselt, bis beide Werte übereinstimmen.

Die von Kaku sogenannte „Raum-Zeit-Theorie des Bewusstseins“ wird verständlicher, wenn man sich die verschiedenen postulierten Stufen anschaut:

Ein Bewusstsein der Stufe „0“ hat ein festsitzender oder nur begrenzt beweglicher Organismus, etwa eine Pflanze, die nur wenige Parameter in Rückkopplungsschleifen überwachen muss und benötigt, um ein Modell seiner Umwelt zu erschaffen (z.B. die Temperatur, Feuchtigkeit, Sonneneinstrahlung, Schwerkraft etc.). In Bezug auf die Sonneneinstrahlung wächst die Pflanze so, dass die Blätter und Blüten dem Licht zugekehrt werden, oder auch einmal nicht, wenn die Intensität zu hoch ist. Die Zahl der Parameter gibt die Unter-Stufe dieses „Stufe-0-Bewusstseins“ an, hier handelt es sich also um ein „Stufe-0:4-Bewusstsein“.

Wir müssen allerdings anmerken, dass auch eine Pflanze durchaus zur Kommunikation mit anderen Lebewesen in der Lage ist, wie man von Akazien weiß; denn diese reagieren auf Fressattacken durch Giraffen und warnen ihre Nachbarpflanzen mit der Aussendung bestimmter Stoffe, so dass diese ihrerseits Bitterstoffe zum Fraßschutz produzieren können. Giraffen nähern sich als Antwort den Akazien leider fieserweise gegen den Wind. Andere Pflanzen wiederum reagieren auf die Fressgeräusche von Raupen und produzieren Abwehrstoffe.

Auf der nächsten Stufe „1“ finden sich mobile Organismen, die ein zentrales Nervensystem haben, mit dem sie die notwendigen Rückkopplungsschleifen integrieren können. Hierzu zählen Reptilien, die bereits hundert oder mehr Parameter überwachen müssen (Geruchs-, Geschmacks-, Gehör-, Seh-, Gleichgewichts-, Tast- und Sehsinn, Blutdruck und Atmung. Alle mit vielen internen Parametern wie Form, Farbe, Bewegung, Licht und Schatten am Beispiel des Sehens). Es entsteht ein Modell dessen, wo sich der Organismus befindet und wo sich andere, etwa Beutetiere, befinden.

Die nächste Stufe stellt das „Stufe-2-Bewusstsein“ dar, bei dem auch emotionale Interaktionen mit anderen Organismen mit berücksichtig werden. Hierzu zählen alle sozialen Tiere. Die Komplexität dieser Stufe steigt rasch an, wenn die Anzahl der miteinander interagierenden Tiere und die Arten ihrer Interaktionen zunehmen. Wenn ein Wolfsrudel beispielsweise aus zehn Wölfen besteht und jeder Wolf mit fünfzehn verschiedenen Gesten und Emotionen mit einem anderen Wolf interagiert, hat der Wolf eine Bewusstseinsstufe, die in Näherung dem Produkt beider Zahlen entspricht. Michio Kaku nennt dies ein „Stufe-2:150-Bewusstsein“. [2)]

Dies ist eine recht mathematische Einteilung, die versucht, irgendwie eine Hierarchie und Ordnung in die Lebewesen zu bringen. Sie macht für mich aber deutlich, wie komplex die Frage nach dem Bewusstsein ist und mit wie vielen Parametern Organismen umgehen müssen, ob sie es nun nach einer umgangssprachlichen Auffassung „bewusst“ tun oder nicht.

Am Ende dieser Hierarchie stünde dann noch die Frage, was das menschliche vom tierischen Bewusstsein unterscheidet.

In den ersten Lebensmonaten entwickelt ein Säugling ein Kernselbstgefühl, das von Wahrnehmung des eigenes Leibes und elementarer Affekte abhängt. Erst im Alter von 18-20 Monaten entwickelt der Mensch dann sein Ich-Bewusstsein, indem er sich selbst im Spiegel oder im Spiegel durch andere Personen erkennt. Er weiß, dass er er selbst ist.

Das ist keineswegs trivial. Doch macht ihn das zum Menschen oder unterscheidet ihn das vom Tier?

Viele Studien haben bereits im berühmten Spiegeltest bewiesen, dass sich auch Tiere vollkommen bewusst darüber sein können, wer sie sind. In diesem Spiegel-Test wird den Tieren mit Farbe eine Markierung auf die Stirn gemalt und ihnen ein Spiegel vorgehalten. Fische, Hunde und Katzen sehen im Spiegelbild bloß einen scheinbaren Artgenossen und antworten mit Neugierde oder Drohgebärden. Schimpansen und Gorillas bestehen diesen Test, indem sie erkennen, dass sie selbst es sind, die den Flecken auf der Stirn haben, der dort nicht hingehört, und versuchen, diesen wegzuwischen. Auch Orcas bestehen einen ähnlichen Spiegeltest, indem sie vor dem Spiegel bewusst Atemluft ausstoßen und mit den Blasen spielen. Somit ist also Kants Aussage, dass der Mensch sich darin von allen anderen Lebewesen auf der Erde unterscheidet, dass er in seiner Vorstellung das Ich haben kann, widerlegt – und so einfach ist eine Trennung zwischen Mensch und Tier nicht.

Kaku führt an, dass nur der Mensch ein Modell seiner eigenen Zukunft mit hineinnimmt. Er definiert sein „Stufe-3-Bewusstsein" folgendermaßen: „Das menschliche Bewusstsein ist eine spezifische Form des Bewusstseins, das ein Modell von der Welt schafft und es dann in Abhängigkeit von der Zeit fortschreibt, indem es die Vergangenheit heranzieht, um die Zukunft zu simulieren. Das erfordert die Berücksichtigung und Evaluation vieler Rückkopplungsschleifen, Entscheidungen zu treffen und ein Ziel zu erreichen." [3)]

Bei einem solch komplexen Bewusstsein ist eine „Kommando-Zentrale" unerlässlich, die die vielen Informationen gewissermaßen siebt, um die Zukunft zu simulieren und eine abschließende Entscheidung treffen zu können. Die bereits erwähnte bestimmte Region im sogenannten *lateralen präfrontalen Cortex*, also der Gehirn-Region hinter der Stirn, die für Planung und Durchführung willkürlicher Handlungen zuständig ist, ist beim Menschen fast doppelt so groß wie beim Menschenaffen. Allerdings lässt allein die Größe eines Gehirns keinerlei Rückschlüsse zu, denn ein Elefant hat ein wesentlich größeres Gehirn als ein Mensch. Aber wir wollen uns hier nicht auf dieses komplexe Gebiet einlassen. Zurück zur Kernaussage von Kaku: Der Mensch kann auf seine Vergangenheit schauen und die Zukunft planen. Das kann zumindest meiner Ansicht nach ein Tier tatsächlich nicht, wenn auch Tiere durchaus in der Lage sind, in begrenztem zeitlichen Rahmen planvoll zu handeln und Strategien zu entwerfen, um zu einem Ziel zu gelangen.

Auch Fuchs schreibt, dass zum Person-Sein gehöre, das Leben zu planen und zu führen, also selbst Einfluss zu nehmen. „Für die Entwicklung des Ich-Bewusstseins wäre darüber hinaus die neuronale Metarepräsentanz des zeitlichen Ablaufs des Kernbewusstseins erforderlich: Selbstbewusstsein bildet ein Integral über die Folge von Bewusstseinsmomenten und erzeugt so die personale Einheit des Bewusstseinsstroms.“ [4)]

Was für ein Satz! Metarepräsentanz bedeutet also eine Abbildung auf einer höheren Ebene, ein Gesamtbild des Geschehenen über die Zeit hinweg betrachtet, mathematisch ein Integral.

Doch gilt wirklich das als höchstes Bewusstsein, das in der Lage ist, uns mit Plänen und Tagträumen in die Zukunft zu versetzen? Sind wirklich unsere Gedanken die Grundlage des Bewusstseins? Versiegen sie nicht im wahren Bewusstsein im Hier und Jetzt, von dem die geistigen Meister sprechen? Was ist es also dann? Was verschafft uns eigentlich die Wahrnehmung des „Jetzt“? Und wann ist dieses „Jetzt“?

Wir werden später hören, was Meister Eckhart und die moderne Quantenphysik dazu zu sagen haben.

3

Physik – Gelten unsere Naturgesetze ewig?

Bevor wir jedoch in die Quantenphysik einsteigen, erscheint es mir notwendig, einen kurzen Abriss über die Physik in ihrer Geschichte darzustellen; denn die Entdeckungen der Gesetzmäßigkeiten in der Physik sind natürlich von den Fragen der Menschen in der jeweiligen Zeit und von den technischen Mitteln abhängig.

Seit der Antike sind die Menschen an der Beschaffenheit der Natur interessiert – damals noch ganz das Feld der Naturphilosophie – und ein Hauptinteresse galt den beiden Extremen: Dem Aufbau aller Materie im Kleinsten und der Bewegung der Gestirne im Großen.

Bereits Demokrit postulierte im 4. Jahrhundert v. Chr., dass alles in unserer Umwelt aus einer Vielzahl von Atomen (= nicht-teilbaren winzigen Teilchen) bestehe.

Nach seiner Vorstellung bewegten sich diese im ansonsten leeren Raum und traten miteinander in Wechselwirkung, so dass sich ein komplexes Ganzes an Atombewegung vollzieht, was wiederum alle Erscheinungen der Natur erklären würde. Die Natur folge also einer Gesetzlichkeit, einer Determinierung, und nicht einer göttlichen Willkür.

Die Physik versuchte seit jeher, hinter diese Gesetzmäßigkeiten zu kommen, und stellte jeweils in der eigenen Zeit vorherrschende Theorien auf, die so lange als gültig angenommen wurden, bis man – meist unter großem Widerstand – etwas fand, das ihnen widersprach. Albert Einstein und Leopold Infeld weisen in ihrem

Buch „Die Evolution der Physik“ sehr schön auf einen Aspekt hin, den wir nur zu leicht vergessen: „Physikalische Begriffe sind freie Schöpfungen des Geistes und ergeben sich nicht etwa, wie man sehr leicht zu glauben geneigt ist, zwangsläufig aus den Verhältnissen der Außenwelt.“ [1)]

Die Physiker versuchten also, mit ihren Begriffen, die Natur zu beschreiben, bis dann mit Galileo Galilei eine Wende eintrat und erstmals Theorien mit gezielten wissenschaftlichen Experimenten überprüft und daraus Gesetzmäßigkeiten abgeleitet wurden.

Diese Determinierung in der Physik fand in René Descartes im 17. Jahrhundert und Julien Offray de La Mettrie im 18. Jahrhundert als „enfant terrible“ der Aufklärung seinen extremen Ausdruck. Descartes postulierte, dass auch lebende Organismen (bis auf den Menschen) als Mechanismen die gleiche Vorausbestimmung in allen ihren Reaktionen wie das Planetensystem zeigen, und de La Mettrie meinte sogar, auch der Mensch sei eine Maschine. Durch die Fortschritte der Naturwissenschaft, vor allem der Physik, meinte man mehr und mehr, die Natur komplett verstehen und vorhersagen zu können; denn Isaac Newton hatte die grundlegenden Gesetze der Mechanik entdeckt:

1) Das Trägheitsprinzip: Ein Körper verharrt im Zustand der Ruhe oder der gleichförmig geradlinigen Translation, sofern er nicht durch einwirkende Kräfte zur Änderung seines Zustands gezwungen wird.

   Wenn ich einen Satelliten in die Umlaufbahn der Erde bringen will, muss ich ihm zunächst eine Kraft versetzen. Das erledigt die Rakete mit ihrem Antrieb. Er würde jedoch bei genügend großer Kraft auf Nimmerwiedersehen verschwinden, wenn er nicht durch die Anziehungskraft der Erde auf seine kreisförmige Umlaufbahn gelenkt würde – und zwar an jedem Punkt seiner Bahn aufs Neue.

2) Das Aktionsprinzip mit seiner bekannten Grundgleichung der Mechanik: Die Änderung einer Bewegung ist von der Einwirkung der bewegenden Kraft proportional abhängig und geschieht nach der Richtung derjenigen geraden Linie, nach welcher jene Kraft wirkt. $F = m \cdot a$. Hierbei gilt: F = Kraft, m = Masse, a = Beschleunigung.

   Dieses Prinzip erklärt ganz simpel, warum Dinge zu Boden fallen. Ihre Masse wird von der Erdbeschleunigung angezogen und erhält somit eine Gewichtskraft, die nach unten zum Erdmittelpunkt hin wirkt.

3) Das Reaktionsprinzip: Kräfte treten immer paarweise auf. Übt ein Körper A auf einen anderen Körper B eine Kraft aus (actio), so wirkt eine gleich große, aber entgegen gerichtete Kraft von Körper B auf Körper A (reactio).

   Wenn ich im Kettenkarussell fahre, zwingt mich die Fliehkraft nach außen, die Ketten halten mich jedoch mit entgegengesetzter Kraft auf meiner Bahn und mich (hoffentlich) davon ab, nach außen weggeschleudert zu werden.

Schließlich stellte er auf dieser Grundlage mit seinem Gravitationsgesetz und der Gravitationskonstanten eine allgemeine Formel auf, mit der die Kraft beschrieben werden kann, mit der sich zwei Körper, etwa Sonne und Erde, gegenseitig anziehen.

Am Ende des 18. Jahrhunderts stellte der französische Physiker Charles Augustin de Coulomb das nach im benannte Gesetz über die Anziehungskraft zwischen zwei elektrischen Ladungen auf, welches in seiner Form ganz ähnlich aussieht wie das Gravitationsgesetz von Newton. Wir erinnern uns: Die Physik richtete ihr Interesse zunächst auf die Grenzgebiete des ganz Großen und des ganz Kleinen, also die Planetenbewegung und die Teilchen. Jede Bewegung hing mit Kräften zusammen, die auf Körper einwirken, so dass diese ihre Geschwindigkeit oder ihre Richtung ändern.

Lange galt alles in der Welt durch diese mechanischen Gesetze der Physik als erklärbar.

Allerdings kamen Entdeckungen über die Elektrizität und die Optik hinzu, die eine neue Richtung verlangten; denn die elektrischen Ladungen und auch das Licht ließen sich nicht mehr so einfach mit den alten Theorien erfassen und erklären. Man kam nicht mehr nur mit Teilchen und Krafteinwirkungen auf diese aus, man betrachtete nun Wellen und Felder.

Bahnbrechend waren hier der englische Naturforscher Michael Faraday, der als einer der bedeutendsten Experimentalphysiker gilt, der schottische Physiker James Clerk Maxwell in der zweiten Hälfte des 19. Jahrhunderts und schließlich im 20. Jahrhundert der deutsche Physiker Heinrich Hertz, der jedem durch die nach ihm benannte Einheit der Frequenz bekannt sein dürfte. Nun gab es den Feldbegriff: Den des elektrischen Feldes, des magnetischen Feldes und schließlich zusammengefasst den des elektromagnetischen Feldes. Coulomb sprach wie Newton noch von der Anziehungskraft zwischen zwei Körpern/Teilchen. Maxwell fasste alles in seinen Feldgleichungen zusammen.

Albert Einstein beschrieb ihre Neuerung folgendermaßen: „Die Maxwell'schen Gleichungen sind strukturelle Gesetze. Sie stellen den Zusammenhang her zwischen Vorgängen, die sich in einem bestimmten Punkt und einem bestimmten Augenblick abspielen, und Ereignissen, die ein wenig später in der unmittelbaren Nachbarschaft eintreten. Es sind Gesetze für die Wandlungen des elektromagnetischen Feldes.“ [2)]

Dieser Wandel zum Feldbegriff ist ein wichtiger Schritt in der Physik und kann uns später helfen, den gleichsam analogen Übergang von Newtons Gravitationsgesetz zu Einsteins Relativitätstheorie besser zu verstehen.

Zunächst einmal aber machte man sich an die Untersuchung der Zusammenhänge von bewegter Ladung (Strom) und Magnetfeld und lernte, sie sich zu Nutze zu machen. Denken Sie nur an die Erzeugung von Strom durch Generatoren, an Radio und Fernsehen, Induktionsherde und Mobiltelefone.

Seit also Maxwell seine elektromagnetischen Feldgleichungen formuliert und Walter Nernst und andere Physiker zu Beginn des 20. Jahrhunderts die Hauptsätze der Thermodynamik aufgestellt hatten (auf die wir später noch zu sprechen kommen), waren zunächst einmal alle Kräfte in der Natur und ihre Phänomene beschreibbar.

Dann kam jedoch Albert Einstein und stellte alles auf den Kopf, wenn auch bei Weitem noch nicht genug, wie wir später sehen werden.

Galilei hatte schon im 16. Jahrhundert festgestellt, dass die Naturgesetze für alle Bezugssysteme gleichermaßen gelten. Wenn ich an einem Ort an Land stehe und mir ein Gegenstand aus der Hand fällt, so wirkt die Schwerkraft gleichermaßen, wie wenn ich mich auf einem gleichmäßig fahrenden Schiff befinde und mir etwas aus der Hand fällt. Wenn ich mich unter Deck befinde, merke ich vermutlich nicht einmal etwas von der Fahrt des Schiffes (da übrigens unser Gleichgewichtssinn nur auf Änderungen der Geschwindigkeit, also Beschleunigung reagiert). Ich kann die Bewegung des fallenden Gegenstandes nur relativ zu meinem jeweiligen Bezugssystem (festes Land oder Schiffskabine) feststellen; und beim Übergang von einem System in das andere ändern sich logischerweise die Koordinaten.

Denken Sie hier bitte an Ihren Mathematikunterricht und stellen Sie sich zwei x/y-Diagramme vor, die einfach mit ihrem jeweiligen Nullpunkt um einen bestimmten Betrag gegeneinander verschoben sind, so dass das zweite Diagramm seinen Nullpunkt dort hat, wo das erste auf der waagerechten x-Achse den Wert 5 und auf der senkrechten y-Achse den Wert 7 anzeigt.

Hier noch ein anderes anschauliches Beispiel, das uns zu Einsteins Neuerung führen wird: Stellen Sie sich bitte vor, Sie stehen in einem offenen fahrenden Wagen und werfen einen Ball geradeaus nach vorn. Vermutlich wird jeder nachvollziehen können, dass die Geschwindigkeit des Balles sich nun aus der Wurfgeschwindigkeit plus der Geschwindigkeit des Wagens ergibt.

Nun haben wir jedoch ein Problem, denn wie man an Untersuchungen an Doppelsternen feststellen kann, wie Einstein in seinem Buch „Die Evolution der Physik“ [3] darlegt, ist die Lichtgeschwindigkeit unabhängig von der Bewegung des Körpers, der das Licht ausstrahlt. Sie ist im Vakuum überall konstant und gilt als Naturkonstante. Die Geschwindigkeit des Lichtes, das von einem Objekt in unser Auge fällt, bleibt also gleich, egal ob sich das Objekt bewegt oder nicht oder ob ich selbst mich auf das Objekt zu oder von ihm wegbewege.

Einstein beschreibt sehr schön die Gedanken, die man sich über die Bewegung des Lichtes und vor allem über seine Übertragung gemacht hat. Schallwellen breiten sich, wie wir wissen, durch die Luft oder andere Medien aus, die eine Kompression erfahren und die Wellen übertragen. Aber die Lichtwellen kommen ohne so ein Medium aus, denn es handelt sich hier nicht um eine mechanische Übertragung des Signals, sondern um Änderungen des elektromagnetischen Feldes. Hier sehen Sie noch einmal die besondere Wendung, die die Physik seit Entwicklung des Feldkonzeptes nahm.

Kommen wir aber zurück zum Prinzip von Galilei: Wenn die Lichtgeschwindigkeit sich nicht ändert, kann es nicht stimmen, dass ich einfach von einem Bezugssystem durch Änderung der Koordinaten in ein anderes System gelange, also im Beispiel die Geschwindigkeiten eines Körpers (z.B. des Balles) und des bewegten Bezugssystems (z.B. des Autos) einfach addieren kann. Oder genauer gesagt: Dies gilt eben nur für bestimmte Fälle.

Einstein geht im Jahr 1905 mit seiner speziellen Relativitätstheorie von zwei Annahmen aus:

1) Die Lichtgeschwindigkeit im Vakuum ist für alle Systeme, die mit konstanter Geschwindigkeit gegeneinander bewegt werden, gleich groß.
2) In allen diesen Systemen gelten die gleichen Naturgesetze.

Wenn sich also die Geschwindigkeit des Lichtes nicht ändert, obwohl die Strecke, die das Licht zurücklegen muss, sich ändert, muss sich auch die Zeit geändert haben. Das bedeutet laut Einstein, „dass zwei Ereignisse, die in einem System gleichzeitig sind, für ein anderes System zu verschiedenen Zeiten stattfinden". [4)]

Es gibt also keinen absoluten Raum und keine absolute Zeit.

Hier kommt nun eine ungeheuerliche Folgerung Einsteins hinzu: „Wenn die Lichtgeschwindigkeit für alle Systeme gleich groß ist, dann müssen bewegte Stäbe ihre Länge und bewegte Uhren ihren Gang verändern, und diese Veränderungen müssen ganz bestimmten Gesetzen unterliegen." [5)]

Diese Gesetze ergeben sich aus der sogenannten Lorentz-Transformation (benannt nach dem niederländischen Physiker und Mathematiker Hendrik Antoon Lorentz) im Gegensatz zur herkömmlichen klassischen oder Galileo-Transformation, die wir vorhin betrachtet haben. Aus dieser Transformation ergibt sich, was inzwischen auch durch Erscheinungen des elektromagnetischen Feldes indirekt bewiesen wurde, dass nämlich „ein bewegter Stab sich in der Bewegungsrichtung mit zunehmender Geschwindigkeit immer stärker zusammenzieht. Je schneller er sich bewegt, desto kürzer erscheint er." [6)] Und es gilt auch, „dass ein mit Lichtgeschwindigkeit bewegter Stab vollkommen verschwinden müsste". [7)]

Vielleicht denken Sie hier wie ich an Ausschnitte aus den „Star Trek"-Filmen, in denen jeweils die Raumschiffe in der Länge verzogen werden, bis sie schließlich aus dem Bild verschwinden, wenn sie auf Lichtgeschwindigkeit und darüber gehen.

Aber einen Augenblick!

Nach Einsteins Theorie dürfte es eigentlich keine Überlichtgeschwindigkeit geben, da die Lichtgeschwindigkeit die größtmögliche Geschwindigkeit für Körper darstellt.

Doch haben auch hier die „Star Trek"-Macher sich grundlegenden Gedanken gewidmet und bei aller Science Fiction eine Lösung gefunden, die wir uns mit Kenntnissen der Physik zumindest als plausibel vorstellen können. Der deutsche Physiker Metin Tolan hat in seinem Buch „Die Star Trek Physik" sehr schön die diversen Techniken dieser Filme unter die Lupe genommen. Er erklärt die Notwendigkeit einer anderen Antriebsart für Raumschiffe genau dadurch, dass ein normaler Antrieb nicht über die Lichtgeschwindigkeit hinaus käme. Der deswegen eingeführte „Warp-Antrieb" wiederum basiert auf Erkenntnissen von Einsteins allgemeiner Relativitätstheorie und der Krümmung der Raum-Zeit, auf die wir noch zu sprechen kommen. [8)]

Aber zurück zur Obergrenze der Geschwindigkeit. Sie hat noch eine weitere Konsequenz; denn in Fällen, die wir normalerweise betrachten, also bei kleinen Geschwindigkeiten, kann man die Geschwindigkeit eines Körpers mit einer auf ihn einwirkenden Kraft proportional ändern. Das wissen wir seit Newtons Grundgleichung der Mechanik, wenn Sie sich erinnern. Wenn ich zum Beispiel einen Wagen schiebe, wird er umso schneller, je stärker ich schiebe. Mein Kraftaufwand für eine bestimmte Geschwindigkeitsänderung ist gleich groß, unabhängig davon, ob der Wagen 5 m/s fährt oder bereits 50 m/s. (Dabei vernachlässigen wir die Reibung einmal).

Wenn nun aber die Geschwindigkeit sehr groß wird, brauche ich immer größere Kräfte, um sie noch weiter zu beschleunigen, und die Lichtgeschwindigkeit kann, wie gesagt, überhaupt nicht mehr gesteigert werden. Hier ist es die Bewegungsenergie, die als Widerstand wirkt.

Die Energie verhält sich also wie eine Masse, und beide können ineinander umgewandelt werden. Sicher kennen Sie die berühmte

Gleichung $E = m \cdot c^2$. (E steht für die Energie, m für die Masse und c für die Lichtgeschwindigkeit.)

Einstein gibt in seinem Buch zwei sehr schöne Beispiele: Man glaubt es kaum, aber ein Stück Eisen wiegt im glühenden Zustand mehr, als wenn es kalt ist. Und die Wärme, die benötigt wird, um 30.000 Tonnen Wasser in Dampf zu verwandeln, wiegt ca. ein Gramm. Das ist natürlich sehr wenig, und daher fällt uns das normalerweise auch nicht auf, aber es ist eine Tatsache: Energie hat Masse. [9)]

Zwischen Energie und Masse gibt es also keinen grundsätzlichen Unterschied. Das ist sehr wichtig, und wir werden später noch einmal darauf zurückkommen, wenn wir uns mit dem beschäftigen, woraus eigentlich alle Dinge bestehen.

Fassen wir nochmal zusammen: Unsere alte Betrachtungsweise von Position, Geschwindigkeit und Zeit gilt nur bei kleinen Geschwindigkeiten der Bezugssysteme. Längen und Zeiten hängen vom Bewegungszustand des Betrachters ab.

Es gibt also keine absolute Bewegung. Über die Zeit haben wir hier noch nichts weiter gesagt, sondern die beunruhigende Tatsache, dass Uhren ihren Gang verändern, einfach so stehen gelassen. Wir sprechen später noch über die Bedeutung der Zeit.

In seiner allgemeinen Relativitätstheorie von 1915 verallgemeinerte Einstein diese Theorie noch, indem er sie nun auf alle Systeme umwandelte. Er schreibt darüber in „Evolution der Physik“: „In der allgemeinen Relativitätstheorie können wir nicht wie bei der speziellen mit dem mechanischen Gerüst aus Parallelen und rechtwinklig dazu angeordneten Stäben sowie mit synchronisierten Uhren arbeiten. In einem beliebigen System lassen sich die räumlichen und zeitlichen Koordinaten eines Ereignisses nicht mehr mit festen Stäben und gleich schnell gehenden synchronisierten Uhren bestimmen, was im Inertialsystem der speziellen Relativitätstheorie noch möglich war." [10)]

Hier wird nun vor allem das Gravitationsgesetz erneut unter die Lupe genommen. (Wir erinnern uns: Das Coulombsche Gesetz über die Anziehungskraft von elektrischen Ladungen wurde durch den Feldbegriff und die Gleichungen von Maxwell abgelöst.)

Hier erfolgt nun die Ablösung beziehungsweise Erweiterung des Gravitationsgesetzes von Newton durch neue strukturelle Gesetze für die Veränderung des Schwerefeldes.

Dabei wird das alte Gesetz von Newton nicht etwa ungültig. Es gilt aber nur für den speziellen Fall sehr geringer Gravitationskräfte. Bei großer Gravitationskraft, wie etwa zwischen Merkur und Sonne, gelten jedoch andere Gleichungen. (Der Merkur weicht, wie man inzwischen bestätigt hat, von der normalen, rein elliptischen Bewegung eines Planeten um die Sonne ab, und seine gesamte Ellipsenbahn selbst kreist zusätzlich noch einmal in drei Millionen Jahren um die Sonne.) [11)]

Starke Schwerefelder bewirken durch die Äquivalenz von Energie und Masse sogar eine Ablenkung von Lichtstrahlen, was uns im geringen Schwerefeld der Erde natürlich nicht auffällt, so dass wir getrost weiterhin von der geradlinigen Ausbreitung des Lichtes ausgehen können.

Einstein führt in seiner Theorie zur Beschreibung der Welt den Begriff des vierdimensionalen Raum-Zeit-Kontinuums ein. Diese vierdimensionale Raumzeit entzieht sich natürlich unserer Vorstellung. Man kann höchstens versuchen, sich einen dreidimensionalen Raum mit Höhe, Breite und Tiefe vorzustellen – was uns in der Regel kein Problem bereitet – und nun die Zeitlinie als vierte Dimension hinzunehmen, also die Veränderung dieses Raumes in der Zeit. Doch selbst dabei liegen wir noch falsch, denn dieses Raum-Zeit-Kontinuum ist auch noch verformbar und wird durch Materie gekrümmt. So erklärt Einstein die Gravitation neu. Die Erde folgt also auf ihrer Bahn um die Sonne ganz einfach der Krümmung des Raumes, den dieser durch die Sonne erfährt.

Weiterhin müssen wir uns von unserer Vorstellung eines Raumes in unseren drei rechtwinkligen Dimensionen, wie etwa ein großer Pappkarton, der durch seine Wände begrenzt wird, verabschieden. Der Raum ist nicht etwa einfach nur der Inhalt eines definierten Volumens, sondern ein verformbares „Etwas“, das in sich begrenzt und doch irgendwie grenzenlos ist, auf das wir später bei der Betrachtung der modernen Quantenphysik noch zu sprechen kommen müssen.

Laut Einstein soll aber dieses Raum-Zeit-Kontinuum erst einmal unsere Welt mit allen bewegten und unbewegten Körper in ihr, also Materie mit ihren Schwerefeldern, darstellen.

Einstein schreibt in „Die Evolution der Physik“ über seine Theorie: „Die Gravitationsgleichungen der allgemeinen Relativitätstheorie sind ein Versuch zur Bestimmung der geometrischen Eigenschaften unserer Welt.“ [12)]

Dabei ist er allerdings noch nicht ganz zufrieden, denn er unterscheidet immer noch zwischen Materie und Feld. So schreibt er weiter: „Können wir den Materiebegriff nicht einfach fallen lassen und eine reine Feldphysik entwickeln? Was unseren Sinnen als Materie erscheint, ist in Wirklichkeit nur eine Zusammenballung von Energie auf verhältnismäßig engem Raum. Wir könnten die Materiekörper auch als Regionen im Raum betrachten, in denen das Feld außerordentlich stark ist. Daraus ließe sich ein gänzlich neues philosophisches Weltbild entwickeln, das letztlich zu einer Deutung aller Naturvorgänge mittels struktureller Gesetze führen müsste, die überall und immer gelten. Ein durch die Luft geworfener Stein ist in diesem Sinne ein veränderliches Feld, bei dem die

Stelle mit der größten Feldintensität sich mit der Fluggeschwindigkeit des Steines durch den Raum bewegt. In einer solchen Physik wäre kein Platz mehr für beides: Feld *und* Materie. Das Feld wäre als das einzig reale anzusehen. (…) Bisher ist es uns allerdings noch nicht gelungen, diesen Gedanken zu einer überzeugenden und folgerichtigen Theorie zu verarbeiten. Die Entscheidung darüber, ob eine Lösung dieses Problems im Bereich des Möglichen liegt oder nicht, bleibt der Zukunft vorbehalten.“ [13)]

Trotz dieser unglaublichen und bahnbrechenden Theorie und seinem Wunsch für die Zukunft war Einstein noch sehr der klassischen Physik und ihrer Denkungsweise verhaftet und tat sich schwer mit dem, was schon bald kommen sollte.

4

Quantenphysik – Woraus besteht das eigentlich alles?

In der früheren mechanischen Erklärung der Natur hatte man sich sogar das Licht aus kleinen „Korpulskeln", also aus Teilchen bestehend, vorgestellt, bis diese Theorie durch den niederländischen Physiker und Astronom Christiaan Huygens im 17. Jahrhundert abgelöst wurde und man verstand, dass Licht sich wie eine Welle verhielt, die sich im Raum frei und ohne materielle Übertragung mit Lichtgeschwindigkeit ausbreitete.

Die verschiedenen Farben des Lichtes im Spektrum konnte man verschiedenen Wellenlängen und damit Größen von Energie zuordnen und musste nun nicht mehr für jede erdenkliche Farbe ein Korpuskel postulieren.

Einstein machte jedoch 1905 bei der Untersuchung des sogenannten Fotoelektrischen Effekts, also der Aussendung von Elektronen aus Metallen, die mit Licht bestrahlt werden, eine merkwürdige Entdeckung: Er fand, dass die Energie dieser ausgestrahlten Elektronen nicht von der Intensität des Lichtes abhing, sondern von seiner Farbe, also der Frequenz oder Wellenlänge und damit der Energie des Lichtes. Einstein erklärte diesen Effekt, indem er auf eine Theorie des deutschen Physikers und Nobelpreisträgers Max Planck zurückgriff, die dieser für Wärmestrahlung aufgestellt hatte. Das Licht solle demnach aus kleinen Lichtquanten, den Photonen, bestehen, und ihre Energie findet sich in den ausgesandten Elektronen wieder. Diese Energie E lässt sich aus dem Produkt der

Frequenz f und dem nach Planck benannten Wirkungsquantum h entsprechend der Formel $E = h \cdot f$ bestimmen.

Der italienische Quanten-Physiker Carlo Rovelli hat hierfür ein treffendes Bild gefunden: „So wie beim Hagel: Ob unser Auto Dellen bekommt, hängt nicht von der Gesamtmenge der herabprasselnden Hagelkörner, sondern ihrer jeweiligen Größe ab.“ [1)]

So wurde mit dieser Quantentheorie des Lichtes das Licht doch wieder zumindest auch als Teilchen betrachtet, und nicht nur als Welle. Je nach Experiment konnte man nun Licht als Welle betrachten oder eben in anderen Experimenten nachweisen, dass es sich wie Teilchen verhielt. Die Photonen sind die Quanten des elektromagnetischen Feldes. Damit war die Basis des Welle-Teilchen-Dualismus der modernen Physik gelegt, und Max Planck gilt als Begründer der Quantenphysik. Sein Wirkungsquantum ist neben der Gravitationskonstanten und der Lichtgeschwindigkeit die dritte der fundamentalen Naturkonstanten der Physik.

Nebenbei muss hier bereits bemerkt werden, dass wir uns noch darum werden kümmern müssen, warum wir eigentlich davon ausgehen, dass es sich um Konstanten handelt.

Dieser Welle-Teilchen-Dualismus, der damals nur für die Lichtteilchen, also die Photonen, bekannt war, ist nach Meinung des französischen Physikers und Nobelpreisträgers Louis-Victor Pierre Raymond de Broglie in der Mitte des 20. Jahrhunderts ein Wesensmerkmal nicht nur der Photonen, sondern auch der Materie. Seiner Meinung nach können auch einem klassischen Teilchen – zum Beispiel einem Elektron – Welleneigenschaften zugesprochen werden; denn in einem elektrischen oder magnetischen Feld verhält sich ein Elektron zwar wie ein Teilchen, in einem Kristallgitter jedoch wird es gebeugt und verhält sich also wie eine Welle.

Wir bewegen uns mit dieser Wellenmechanik hinein in die Atomphysik und in die Erklärung dessen, was Materie eigentlich ist. Wir möchten schließlich verstehen, woraus unsere „Realität" denn in Wahrheit besteht.

Jede Materie besteht aus bestimmten Molekülen und diese wiederum aus den Atomen, die ja Demokrit schon postuliert hatte. In einem Artikel über die Brownsche Molekularbewegung hatte Einstein 1905 den Beweis erbracht, dass die Atomtheorie Demokrits im Prinzip richtig war, dass alle Dinge aus kleinen „Körnchen" bestehen, und zudem die Größe dieser Atome berechnet.

Diese Granularität ist ein Grundprinzip unserer Welt. Wir haben ja gerade gesehen, dass selbst das Licht aus kleinen Teilchen besteht.

Die Atome Demokrits stellen aber nicht die kleinste Einheit dar. Zu Beginn des 20. Jahrhunderts hatte der neuseeländische Physiker Ernest Rutherford, der für seine Arbeit über Atomphysik und radioaktiven Zerfall den Nobelpreis für Chemie erhielt, ein Atommodell aufgestellt, in dem der positiv geladene Atomkern aus Protonen und Neutronen mit der größten Masse des Atoms ähnlich einem Planetensystem von negativ geladenen Elektronen umkreist würde.

Der dänische Physiker und Nobelpreisträger Niels Bohr erweiterte dieses Modell um die Quanteneigenschaften der Elektronen, die nur ganz definierte Zustände und Bedingungen für die Elektronen zuließen, und man stellte sich vor, dass die Elektronen nur auf bestimmten Bahnen mit bestimmten Radien um den Atomkern kreisen und es „angehobene" energiereiche Zustände mit größeren Radien eines Elektrons gäbe sowie einen energiearmen normalen Zustand, in den das Elektron nach Ausstrahlung seiner Energie sozusagen auf seinen engeren Radius zurückfiele.

Für Bohr stellten die Bilder der Elektronen als Teilchen oder als Wellen zwei komplementäre Beschreibungen derselben Realität dar; und nach de Broglie kann ein Elektron wie eine stationäre Welle um den Atomkern laufen, wobei der Umfang seiner Bahn natürlich ein ganzzahliges Vielfaches der Wellenlänge sein muss. Das kann man sich vorstellen, wenn man an ein Seil denkt, das an einer Wand befestigt ist und das man in eine Wellenbewegung versetzt. Stimmt die Wellenlänge mit der Entfernung zur Wand überein oder ist sie ein ganzzahliges Vielfaches davon, so läuft diese Welle in sich selbst zurück, und es entsteht eine stehende Welle.

Das Modell von Bohr wurde schließlich durch den deutschen Mathematiker und theoretischen Physiker Arnold Sommerfeld erweitert, der den Elektronen nicht kreisförmige, sondern elliptische Bahnen zuwies. Dieses Modell hatte den Vorteil, dass nun mehr Informationen zur Beschreibung eines Elektrons Eingang finden mussten, da für die Charakterisierung einer Ellipse zwei Werte notwendig sind, nämlich die große und die kleine Halbachse.

Es blieben jedoch noch immer Fragen in der Beschreibung von Elektronenzuständen offen, und so wurde dem Elektron ein zusätzlicher Eigendrehimpuls, der Spin, zugeschrieben. Dieser Spin ist maßgeblich am Aufbau des Atoms und damit an der Struktur von Molekülen und Materie verantwortlich. Vielleicht erinnert sich noch der eine oder andere Leser aus dem Physik-Unterricht an die Angabe von Quantenzuständen im Periodensystem der Elemente nach dem Pauli-Prinzip, benannt nach dem österreichischen Physiker und Nobelpreisträger Wolfgang Pauli, das besagt, dass sich in jedem Spinzustand jeweils nur ein Elektron befinden kann. Wir kommen später noch auf Pauli und auf den Spin zurück.

Wichtig ist zunächst nur, dass sich hier die Materie in Form ihrer Elektronen in bestimmten Quanten von Energie zeigt.

Den eigentlichen Umschwung in der modernen Physik läutete jedoch etwa zur gleichen Zeit der deutsche Physiker und Nobelpreisträger Werner Heisenberg, der unter Sommerfeld und Bohr studiert hatte, mit seiner Unschärferelation ein, in der er aussagte, dass zwei konjugierte Eigenschaften (z.B. Ort und Impuls) eines Teilchens nicht gleichzeitig beliebig genau bestimmbar sind.

Was bedeutet das?

Man stelle sich vor, dass ein Teilchen sich mit einer bestimmten Geschwindigkeit fortbewegt. Da dieses Teilchen auch eine Masse hat, müssen wir hier aber nicht bloß die Geschwindigkeit v des Teilchens, sondern vielmehr seinen Impuls p betrachten, der sich nach $p = m \cdot v$ aus dem Produkt von Masse und Geschwindigkeit ergibt. Das Teilchen bewegt sich also mit einem bestimmten Impuls fort und bewegt sich dabei von einem Ort zum nächsten; und hier kann man schon das Problem erahnen:

Eine Messung der Geschwindigkeit kann ich nur zwischen zwei Orten vornehmen, indem ich die zurückgelegte Strecke durch die dazu benötigte Zeit teile. Den Ort selbst aber kann ich natürlich nur an dem einen Ort zu einem winzigen Zeitpunkt so genau wie möglich bestimmen. Beides zusammen schließt sich aus.

Diese Unschärferelation ist dabei nicht die Folge von technisch behebbaren Unzulänglichkeiten eines entsprechenden Messinstrumentes, sondern prinzipieller Natur. Entweder lässt sich der Ort so genau wie möglich bestimmen und man nimmt Streuungen bei der Geschwindigkeitsmessung in Kauf oder die Messung des Ortes streut, und dafür ist der Impuls so genau wie möglich bestimmt.

Wir können uns fragen, ob dies für den normal Sterblichen eine Relevanz hat.

Erinnern wir uns an den guten alten Röhrenfernseher: In ihm wird das Bild durch Elektronen erzeugt, die von einer Kathode (dem

Minuspol) ausgesendet werden und zur Anode (dem Pluspol) der Röhre beschleunigt werden, wobei sie quer zur Bewegungsrichtung abgelenkt werden, um somit Punkt für Punkt das Bild zu erzeugen. Dabei erhalten die Elektronen einen Impuls in ihrer Bewegungsrichtung. Treten sie dann durch ein kleines Loch in der Anode, so erscheinen die Elektronen nicht mehr als winziger Punkt, sondern „verschmiert" von einer Unbestimmtheit ihres Ortes. Bei einer normalen Röhrenlänge von 50 cm ist diese Verbreiterung des Auftreffpunktes jedoch mit circa einem Hundertstel eines Millimeters so klein, dass kein Betrachter sie wahrnehmen könnte.

In atomarer Größenordnung ist dieser Effekt jedoch sehr wichtig.

Fassen wir also noch einmal zusammen, was wir über den Aufbau der Materie erfahren haben: Materie setzt sich zusammen aus Massen und dem Raum zwischen den Massen. Der Grundbaustein der Masse, das Atom, hat sich leider jedoch nicht als unteilbar erwiesen, sondern ist seinerseits aus kleinen Elementarteilchen über Kraftbrücken zusammengesetzt. Diese Kräfte, also die Bindungen zwischen den Teilchen, sind dabei bloß bestimmte Schwingungsmuster von Bindungsenergie. Protonen und Neutronen bilden den Atomkern, der in einem sehr, sehr großen Abstand von den Elektronen umkreist wird. Diese Elektronen wiederum sind jedoch in der Vorstellung entweder Teilchen, die sich entsprechend ihrer Energie nur in bestimmten gequantelten Zuständen befinden können, oder eben Wellen, die mit ihrer jeweiligen Wellenlänge um den Atomkern herumlaufen. Fest steht jedoch, dass man Ort und Geschwindigkeit eines solchen Elektrons nicht gleichzeitig genau bestimmen kann und somit eine Bahn, auf der sich die Elektronen um den Atomkern bewegen, eigentlich nicht festlegen kann. Man ging im Zuge der Quantenphysik also dazu über, den Elektronen nicht Bahnen zuzuweisen, sondern Orbitale, also Räume, in denen sie sich mit bestimmter Wahrscheinlichkeit aufhalten.

Somit ist der Raum zwischen Atomkern und Elektronen, wie man ihn sich früher als sehr groß und leer vorgestellt hatte, als Bild nicht korrekt; denn er ist ausgefüllt mit möglichen Orten der Elektronen.

Rovelli hat in seinem Buch „Die Wirklichkeit, die nicht so ist, wie sie scheint“ sehr schön und sehr fundiert über die Entwicklung der Physik bis hin in die moderne Quantenphysik geschrieben und dies sehr anschaulich erklärt: „Elektronen existieren nicht dauerhaft, sondern nur dann, wenn sie wechselwirken. Sie materialisieren sich an einem Ort, wenn sie mit etwas anderem zusammenstoßen. Real existieren sie nur als „Quantensprünge“ von einer Umlaufbahn zur anderen: Ein Elektron ist eine Gesamtheit an Sprüngen von einer Wechselwirkung zur nächsten. Wenn es nicht gestört wird, befindet es sich nirgendwo.“ [2)]

Die Materie besteht also aus jeder Menge Nichts und unbestimmten Quantenzuständen, über die wir nur mit Wahrscheinlichkeiten sprechen können und die sich nur in ihren Wechselwirkungen zeigen.

Hier hat der britische Physiker und Nobelpreisträger Paul Dirac mit seiner Gleichung der Quantenmechanik Großartiges geleistet. Sie gibt an, welche Werte eine Variable bei einer Wechselwirkung annehmen kann und mit welcher Wahrscheinlichkeit sie das tun wird. Alle Eigenschaften der chemischen Elemente sind hiermit erklärt.

So muss es uns schon fast nicht mehr wundern, dass der Aufbau des Periodensystems der Elemente, das vom russischen Chemiker Dimitri Mendelejew 1869 nur nach der Masse der Atome geordnet worden war, exakt zu diesen Werten passt.

Für quantenphysikalische Naturvorgänge können also keine klar determinierten Vorhersagen gemacht werden, wie man es sonst aus der klassischen Physik gewohnt ist, sondern man kann lediglich Aussagen über die Wahrscheinlichkeit des zeitlichen oder örtlichen Eintretens eines Ereignisses machen. Dennoch liefert uns die Quantentheorie die genaueste Beschreibung der Welt, während die klassische Physik stets nur näherungsweise für große Maßstäbe gilt.

Aber zurück zur Unschärfe. Sie gilt als Grundlage der *Kopenhagener Deutung* der Quantenmechanik, die von Heisenberg und Bohr auf der Grundlage der Arbeiten des deutschen Physikers und Nobelpreisträgers Max Born formuliert wurde.

Sie stellt das naturwissenschaftliche Weltbild und dessen Naturbegriff grundlegend auf den Kopf. In seinem Buch „Quantentheorie und Philosophie“ betont Heisenberg, „dass es mehr als ein Vierteljahrhundert gedauert hat, um von der Planck'schen Hypothese der Existenz der Energiequanten zu einem wirklichen Verständnis der quantentheoretischen Gesetze vorzudringen. Daraus erkennt man, wie groß die Veränderungen in unseren grundlegenden Vorstellungen von der Wirklichkeit sein mussten, bevor man die neue Situation vollständig verstehen konnte.“ [3)]

Die *Kopenhagener Deutung* führte zu einem neuen Naturverständnis, in dem Quantensprünge, also spontanes sprunghaftes Geschehen, die Grundform allen Geschehens überhaupt sind. Der deutsche Physiker Pascual Jordan, der mit Heisenberg und Born als Gründer der theoretischen Quantenmechanik gilt, schreibt: „Es gibt von den Naturgesetzen aus keine Vorausbestimmung, keine Determinierung des Einzelgeschehens, sondern es gibt nur eine statistische Regel für die Häufigkeit bestimmter Quantensprünge.“ [4)]

Wir müssen hier einmal betonen, dass ein „Quantensprung“, anders als oft in der populären Sprache verwendet, nicht ein riesiger Fortschritt ist, sondern nur ein ganz winziger Unterschied.

Diese Quanten sind also Teilchen eines Quantenfeldes, so wie die Photonen des Lichts die Teilchen eines elektromagnetischen Feldes sind. Diese Felder überlagern sich und wechselwirken miteinander.

Die ganze Welt besteht somit nur noch aus verschiedenen Quantenfeldern. Einsteins Wunsch nach einer Feldphysik scheint in Erfüllung zu gehen.

Wir müssen uns auch von der Vorstellung verabschieden, dass man auf der Suche nach dem immer Kleineren und Einfacheren mit den Quanten sozusagen die kleinsten Teilchen gefunden hat; denn es gibt nach dem deutschen Physiker Thomas Görnitz neben den Quanten mit einer Ruhemasse (die bekannten Protonen, Neutronen und Elektronen) auch solche ohne Masse (wie eben die Photonen) und solche, die gar keine eigenständige Existenz haben. Das sind die sogenannten „Strukturquanten", zu denen Phononen, Schallquanten, Quarks, Gluonen und auch die sogenannten Quantenbits gehören. Im immer Kleineren wird es also sehr komplex.

Hier können wir nun für die interessierten Leser noch einmal auf den Atom-Aufbau zurückkommen. Görnitz schreibt dazu: „In der im Vergleich zum Kern sehr weit ausgedehnten Atomhülle ist es sehr sinnvoll, nur die Elektronen als reale Teilchen zu betrachten, virtuelle Elektron-Positronen-Paare zumeist zu ignorieren und eine Emission und Absorption von Photonen lediglich als Änderung des Energiegehaltes des Atoms zu beschreiben. Im Atomkern hingegen wäre das dazu äquivalente Bild recht unzureichend. Dort ist ein Bild sehr viel zutreffender, welches einen ständigen Austausch von virtuellen Pionen, den Teilchen der Kernkraft, beinhaltet. Dabei wandeln sich fortwährend die Protonen in Neutronen und diese in Protonen um. Lediglich die Gesamtladung des Atomkerns ist eine feste Größe, die Verteilung der Ladung auf „scheinbar existierende Teile" gibt es nicht. Die früheren Vorstellungen über die Pionen sind später ergänzt und zum Teil abgelöst worden durch die Beschreibung der „starken Wechselwirkung“ mit Quarks und Gluonen. Während Proton und Neutron eine Substruktur besitzen, die durch drei Quarks gekennzeichnet wird, werden die Pionen als gebundene Zustände eines Quarks mit einem Antiquark beschrieben“. [5] (…) „Mit den Quarks wurde für den Bereich der Elementarteilchenphysik deutlich, dass Strukturen Wirkungen erzeugen können, ohne dass sie sich als Objekte in Raum und Zeit realisieren lassen, das heißt, sie können nicht als eigenständige Objekte vorgeführt werden. Auf dem unermüdlich begangenen Weg ins immer noch Kleinere ist man dann zur *Stringtheorie* gelangt. Die Stringtheorie ist ein extrem interessanter Bereich der Mathematik und damit ein wissenschaftlicher Wert an sich. Sie ist aber zugleich eine so komplizierte Struktur, dass man überhaupt noch nicht weiß, ob sie irgendetwas mit der Wirklichkeit der Natur zu tun hat. Die Fachleute auf diesem Gebiet wissen, dass es etwa 10^{500} verschiedene solcher Stringtheorien gibt – das bedeutet eine 1 mit 500 Nullen. Das klingt nicht sonderlich ermutigend. Weiterhin ist es für diese Theorie notwendig, zu den drei Dimensionen des Raumes noch sieben weitere zu postulieren, die offenbar als gleich real wie Länge, Breite und Höhe gedacht werden sollen.“ [6]

Laut Wikipedia wurden die Stringtheorien in den 1960er Jahren zur Beschreibung der starken Wechselwirkung verwendet, wobei die Gluonen als räumlich ausgedehnte Saiten (engl. *Strings*) zwischen den Quarks aufgefasst wurden. Später gab es sogar noch eine sogenannte Superstringtheorie und eine M-Theorie mit elf Dimensionen. Die Stringtheorie ist in der Physik sehr umstritten. [7]

Carlo Rovelli hat dagegen zusammen mit dem Physiker Lee Smolin eine Theorie der Quantengravitation entwickelt, die als Schleifen-Quantengravitation bekannt ist.

Zurück zu Heisenbergs Undeterminiertheit: Sie ist noch nicht die größte Überraschung, die die Quantenmechanik uns brachte. Die Betrachtung der Welt auf Quantenebene schenkte uns auch die Erkenntnis, dass die reale Welt, wie wir sie bisher annahmen, nur in der Abhängigkeit von Wechselwirkungen, also immer bezogen oder relativ zu etwas anderem, man könnte auch sagen, nur durch Beobachtung, durch Interaktion beim Vorgang des Beobachtens, existiert. Hier ist sie also wieder: Die Wichtigkeit der Wechselwirkung!

Rovelli erklärt das sehr schön: „Die Theorie beschreibt nicht, wie die Dinge „sind", sondern wie sie „stattfinden" und sich „wechselseitig beeinflussen". Sie sagt nicht, wo ein Teilchen ist, sondern wo es sich „von den anderen sehen lässt". Die Welt der existierenden Dinge reduziert sich auf die der möglichen Wechselwirkung. Realität besteht allein in Interaktion. Die Realität wird auf Relation reduziert. (…) Alle Charakteristika eines Objektes existieren nur bezogen auf andere Objekte. Die Fakten der Natur manifestieren sich ausschließlich in Beziehung. In der Welt, die von der Quantenmechanik beschrieben wird, gibt es keine Realität ohne Beziehung zwischen physikalischen Systemen. Nicht die Dinge treten in Beziehung zueinander; vielmehr geht aus den Beziehungen selbst die Vorstellung von den Dingen hervor." [8)]

Born beschreibt diesen Umschwung im Denken in seinem Aufsatz „Physik und Metaphysik": „Man lehrte die Generation, zu der Einstein, Bohr und ich gehören, dass eine objektive physikalische Welt existiert, die sich nach unveränderlichen Gesetzen entfaltet, die von uns unabhängig sind. Wir betrachten diesen Vorgang, wie das Publikum im Theater ein Stück verfolgt. Einstein hält daran fest, dass dies das Verhältnis zwischen dem wissenschaftlichen Beobachter und seinem Gegenstand sein soll. Die Quantenmechanik deutet indessen die in der Atomphysik gewonnene Erfahrung auf andere Weise. Wir können den Beobachter einer physikalischen

Erscheinung nicht mit dem Publikum bei einer Theateraufführung vergleichen, sondern eher mit dem bei einem Fußballspiel, wo der Akt des Zusehens, der von Applaus oder Pfeifen begleitet wird, einen ausgeprägten Einfluss auf die Schnelligkeit und Konzentration der Spieler und damit auf den beobachteten Vorgang hat. Ein noch besseres Gleichnis ist das Leben selbst, wo Publikum und Akteure die gleichen Personen sind. Die Tätigkeit des Experimentators ist es, die den Apparat plant und wesentliche Züge der Beobachtungen vorherbestimmt. Es gibt also keine objektiv existierende Situation, wie man sie in der klassischen Physik angenommen hatte. Nicht nur Einstein, sondern auch andere, die nicht unsere Deutung der Quantenmechanik ablehnen, haben gesagt, dass es unter diesen Umständen keine objektiv existierende Außenwelt und keine scharfe Unterscheidung zwischen Subjekt und Objekt gebe. Darin liegt natürlich ein Körnchen Wahrheit, aber ich halte diese Formulierung für nicht sehr glücklich. Denn was meinen wir, wenn wir von einer objektiv existierenden Welt sprechen? Es ist ein vorwissenschaftlicher Begriff, den ein einfacher Mann nie infrage stellt. Wenn der einen Hund sieht, sieht er einen Hund, mag dieser nun neben ihm sitzen oder herumspringen oder davonlaufen und in der Ferne als winziger Fleck verschwinden. Alle diese unzähligen und außerordentlich verschiedenen Sinneseindrücke werden im Unterbewusstsein zu dem einen Begriff „Hund“ vereinigt, und es bleibt immer derselbe Hund unter all diesen Aspekten. Ich schlage vor, dies so auszudrücken, dass man sagt, der Verstand konstituiert durch einen unbewussten Prozess „Invarianten der Wahrnehmung“, und diese sind es, was der einfache Mann „reale Dinge“ nennt. Meiner Meinung nach tut die Wissenschaft genau das Gleiche, nur auf einer anderen Stufe der Wahrnehmung, indem sie nämlich all die Vergrößerungsapparate benutzt, die das Wesen des physikalischen Beobachtens und Messens ausmachen. (…) So haben atomare Gegenstände zwar nicht alle Eigenschaften, um es uns zu erlauben, ihnen in gleicher Weise Realität zuzuschreiben wie einem Hunde. Ich glaube, die Tatsache, dass ganz verschiedene Beobachtungen von Elektronen immer dieselben Werte für Ladung, Ruhmasse und Spin ergeben, ist eine vollkommene Rechtfertigung dafür, von Elektronen als realen Teilchen zu sprechen. Wenn wir somit den Teilchen eine entschiedene Realität zuzuerkennen haben, wie steht es dann mit den Wellen? Sind sie auch real – und in was für einem Sinne? Man hat gesagt, dass Elektronen bisweilen als Welle und bisweilen als Partikel erscheinen. Vielleicht ändern sie jeden Sonntag und Mittwoch ihren Charakter, wie ein großer Experimentator einmal spöttisch meinte, offenbar in einem Ausbruch von Ärger über die Kapriolen der Theoretiker. Ich kann dieser Ansicht nicht beipflichten. Um eine physikalische Situation zu beschreiben, braucht man sowohl Wellen, die einen „Zustand" – das heißt die ganze experimentelle Situation – beschreiben, als auch Teilchen, welche die eigentlichen Gegenstände der Atomforschung sind." [9)]

Während Born sich hier also um die Dualität in der Beschreibung kümmert, geht Niels Bohr in seinem Aufsatz „Einheit des Wissens" mehr auf die Interaktion der Welt mit den Messgeräten ein: „Die Erkenntnis, dass die Wechselwirkung zwischen den Messgeräten und den untersuchten physikalischen Systemen einen integrierenden Bestandteil der Quantenphänomene bildet, hat nicht nur eine unvermutete Begrenzung der mechanistischen Naturauffassung, welche den physikalischen Objekten selbst bestimmte Eigenschaften zuschreibt, enthüllt, sondern hat uns gezwungen, bei der Ordnung der Erfahrungen dem Beobachtungsproblem besondere Aufmerksamkeit zu widmen." [10)]

Wir werden das im Folgenden auch tun.

5

Beobachtung – Beobachte ich, was da ist, oder ist da, was ich beobachte?

Als sei das ganze Gerede von Wahrscheinlichkeiten anstelle von festen Aussagen noch nicht genug, ist die Wahrscheinlichkeit, dass ein Ereignis eintritt, auch noch vom Beobachter abhängig. Prozesse mit Beobachtung laufen anders ab als solche ohne Beobachtung.

Der Leser kennt mit Sicherheit das Sprichwort: „Ein bewachter Milchtopf kocht nie", das leicht ironisch feststellen soll, dass die Milch ja gerade immer nur in dem einen Moment überkocht, in dem man gerade wegschaut, obwohl sie vorher schier überhaupt nicht dazu zu bewegen war, endlich einmal warm zu werden.

Hier geht die Aussage aber so weit, dass sich die Quanten scheinbar erst in dem Moment der Beobachtung für eine bestimmte Realisierung entscheiden, während Quantensysteme ohne Beobachtung keine festen Eigenschaften haben.

Der österreichische Physiker und Nobelpreisträger Erwin Schrödinger konnte dies nicht glauben und wollte es in einem Gedanken-Experiment ad absurdum führen, das als *Schrödingers Katze* bekannt geworden ist.

In diesem gedanklichen Experiment soll man sich eine Katze vorstellen, die sich in einer luftdicht verschlossenen, undurchsichtigen Kiste zusammen mit einem instabilen Atomkern, einem Geigerzähler und einem Gefäß mit Giftgas befindet, welches mit dem Geigerzähler verbunden ist. Wenn der Atomkern zerfällt und der Geigerzähler dies registriert, löst dieser die Freisetzung des Giftgases aus. Nach der Quantentheorie lässt sich ein instabiler Atomkern mit der Überlagerung zweier Zustände beschreiben, nämlich „noch nicht zerfallen“ und „zerfallen“. Wie oben beschrieben, „entscheidet“ sich der Zustand erst im Moment der Beobachtung. Es kann also bis zum Moment des Nachschauens nicht entschieden ausgesagt werden, ob der Kern zerfallen ist oder nicht, und ob die Katze tot ist oder nicht. Sie wäre also paradoxerweise sowohl tot als auch nicht tot.

Görnitz hat dieses Experiment und seine Aussage in seinem Buch „Von der Quantenphysik zum Bewusstsein“ sehr schön unter die Lupe genommen und kritisiert, dass in dieser Kiste keineswegs der gesamte Aufbau des Experiments isoliert von der Umwelt gesteckt hätte. Große Systeme (wie eine Kiste mit einer Katze) muss man nahezu zum absoluten Nullpunkt (also fast bis -273 °C) abkühlen, um eine vollständige Isolation von der Umwelt zu gewährleisten, so dass sie keine Photonen mehr absenden können. „Aber dann wäre die Frage, ob die Katze tot oder lebendig ist, bereits entschieden.“ [1)]

Einstein tat sich mit den Folgen dieser neuen Physik sehr schwer, und Heisenberg erinnert sich in seinen Aufzeichnungen an ein Gespräch mit Einstein über die Vorstellung der Quantensprünge eines Atoms, in dem dieser sagte: „Also, wenn Ihre Theorie richtig sein soll, so werden Sie mir eines Tages sagen müssen, was das Atom tut, wenn es von einem stationären Zustand durch Lichtaussendung zum anderen übergeht.“ [2)]

Heisenberg schreibt in seinem Text über „Die Kopenhagener Deutung der Quantentheorie“ zu dieser Frage: „Aber was geschieht denn „wirklich“ bei einem Atomvorgang? Zunächst ist schon vorher gesagt worden, dass man die Messung und die Ergebnisse der Beobachtung stets in den Begriffen der klassischen Physik beschreiben muss. Was man aus der Beobachtung entnimmt, ist aber eine Wahrscheinlichkeitsfunktion, also ein mathematischer Ausdruck, der Aussagen vereinigt über „Möglichkeiten“ oder „Tendenzen“

mit Aussagen über unsere Kenntnis von Tatsachen. Daher können wir das Ergebnis einer Beobachtung nicht vollständig objektivieren. Wir können nicht beschreiben, was zwischen dieser Beobachtung und der nächsten „passiert“. Es sieht zunächst so aus, als hätten wir damit ein subjektives Element in die Theorie eingeführt, so als wollten wir sagen: Das, was geschieht, hängt davon ab, wie wir das Geschehen beobachten, oder wenigstens von der Tatsache, dass wir es beobachten.“ [3)]

Heisenberg führt im selben Text ein Gedankenexperiment an, das ich hier wiedergeben möchte: „Nehmen wir an, dass eine kleine monochromatische Lichtquelle Licht ausstrahlt auf einen schwarzen Schirm, der zwei kleine Löcher hat. Die Durchmesser der Löcher brauchen nicht viel größer zu sein als die Wellenlänge des Lichtes, aber ihr Abstand soll erheblich größer sein. In einigem Abstand hinter dem Schirm soll eine photographische Platte das ankommende Licht auffangen. Wenn man dieses Experiment in den Begriffen des Wellenbildes beschreibt, so sagt man, dass die Primärwelle durch die beiden Löcher dringt. Es wird also zwei sekundäre Kugelwellen geben, die von den Löchern ihren Ausgangspunkt nehmen und die miteinander interferieren. Die Interferenz wird ein Muster stärkerer und schwächerer Intensitäten, die sogenannten Interferenzstreifen, auf der photographischen Platte hervorbringen.“ [4)]

Zur Erklärung möchte ich hiermit auf etwas zurückgreifen, das die meisten Leser sicher im Physik-Unterricht erlebt haben: In einer flachen Wanne mit Wasser wird durch einen Stift, der an einem Rand der Wanne in regelmäßigem Rhythmus in das Wasser eintaucht, eine Welle erzeugt, die sich kreisförmig, aber durch die Wände der Wanne begrenzt vor allem längs der Wanne ausbreitet. Trifft nun diese Welle auf ein Hindernis mit zwei kleinen Lücken, so entstehen nach den Lücken neue Wellen, die sich wieder kreisförmig ausbreiten. Bei diesem kreisförmigen Ausbreiten zweier Wellen entstehen dann sogenannte Interferenzmuster, also Muster von Verstärkung und Auslöschung, je nachdem, wo Wellenberg auf Wellenberg und Wellental auf Wellental aufeinandertreffen oder eben jeweils Berg auf Tal. Ein solches Muster entsteht nun eben auch durch Lichtwellen.

Hören wir wieder Heisenberg in der weiteren Beschreibung seines Experiments:

„Die Schwärzung der photographischen Platte ist im Quantenprozess ein chemischer Vorgang, der durch einzelne Lichtquanten hervorgerufen wird. Daher muss man das Experiment auch in der Lichtquantenvorstellung beschreiben können. Wenn es nun erlaubt wäre, darüber zu sprechen, was dem einzelnen Lichtquant zwischen seiner Emission von der Lichtquelle und seiner Absorption in der photographischen Platte passiert, so könnte man in der folgenden Weise argumentieren. Das einzelne Lichtquant kann entweder durch das erste oder durch das zweite Loch gehen. Wenn es durch das erste Loch geht und dort gestreut wird, so ist die Wahrscheinlichkeit dafür, dass es später an einem bestimmten Punkt der photographischen Platte absorbiert wird, davon unabhängig, ob das zweite Loch geschlossen oder offen ist. Die Wahrscheinlichkeitsverteilung muss die gleiche sein, als wenn nur das erste Loch offen wäre. Wenn man das Experiment viele Male wiederholt und alle die Fälle zusammenfasst, in denen das Lichtquant durch das erste Loch gegangen ist, so sollte die Schwärzung der photographischen Platte dieser Wahrscheinlichkeitsverteilung entsprechen. Wenn man nur die Lichtquanten betrachtet, die durch das zweite Loch gegangen sind, so sollte die Schwärzungsverteilung jener Wahrscheinlichkeitsverteilung entsprechen, die man aus der Annahme enthält, dass nur das zweite Loch offen war. Die Gesamtschwärzung sollte also genau die Summe der Schwärzungen in beiden Fällen sein; in anderen Worten, es sollte keine Interferenzstreifen geben.“ [5)]

Diese Darlegung kann man sich leicht vorstellen, indem man an eine Torwand mit zwei Öffnungen denkt, durch die Bälle geschossen werden sollen, die hinter jeder Öffnung gesammelt werden. Die

Treffer durch jedes einzelne Tor werden daran gemessen, wie viele Bälle sich jeweils hinter den beiden Öffnungen angesammelt haben, und die Gesamttreffer ergeben sich natürlich aus der Summe beider.

Heisenberg kommt nun aber durch seine wissenschaftliche Erfahrung zu folgendem Schluss: „Aber wir wissen, dass dies falsch ist, und das Experiment wird zweifellos die Interferenzstreifen zeigen. Daraus erkennt man, dass die Aussage, das Lichtquant müsse entweder durch das eine oder durch das andere Loch gegangen sein, problematisch ist und zu Widersprüchen führt. Man erkennt aus diesem Beispiel deutlich, dass der Begriff der Wahrscheinlichkeitsfunktion nicht eine raum-zeitliche Beschreibung dessen erlaubt, was zwischen zwei Beobachtungen geschieht. Jeder Versuch, eine solche Beschreibung zu finden, würde zu Widersprüchen führen. Dies bedeutet, dass schon der Begriff „Geschehen“ auf die Beobachtung beschränkt werden muss.“ [6)]

Später erklärt er im selben Text: „Die Wahrscheinlichkeitsfunktion beschreibt, anders als das mathematische Schema der Newtonschen Mechanik, nicht einen bestimmten Vorgang, sondern, wenigstens hinsichtlich des Beobachtungsprozesses, eine Gesamtheit von möglichen Vorgängen. Die Beobachtung selbst ändert die Wahrscheinlichkeitsfunktion unstetig. Sie wählt von allen möglichen Vorgängen den aus, der tatsächlich stattgefunden hat. Da sich durch die Beobachtung unsere Kenntnis des Systems unstetig geändert hat, hat sich auch ihre mathematische Darstellung unstetig geändert, und wir sprechen daher von einem „Quantensprung“.“ [7)]

Görnitz erklärt das folgendermaßen: „Die möglichen Orte eines Photons breiten sich im Raume so aus, wie wir es von Wellen kennen. Man kann daher davon sprechen, dass die Wahrscheinlichkeitswelle eines einzigen Quantenobjekts am Doppelspalt mit sich selbst interferiert. Am Auffangschirm, der eine Ortsmessung realisiert, kann dann das einzelne Quantenteilchen trotzdem nur an einem einzigen Ort eine Wirkung erzielen. Die Häufigkeiten der möglichen Orte jedoch unterscheiden sich, je nachdem, ob die Möglichkeit bestanden hatte, unkontrolliert durch beide Spalte fliegen zu können, oder ob das Quantenobjekt gezwungen wurde, durch einen der Spalte faktisch zu fliegen.“ [8)]

Wir können uns vorstellen, dass alle möglichen Dinge, Eigenschaften und Zustände eben nur als Möglichkeiten existieren und noch nicht als etwas Reales. Diese Möglichkeiten werden seit Schrödinger mathematisch in Form von sogenannten Wellenfunktionen beschrieben, die sich überlagern. Diese Wellenfunktionen beschreiben übrigens die Orbitale der Elektronen, von denen schon die Rede war, also die Räume, in denen sich die Elektronen mit bestimmter Wahrscheinlichkeit aufhalten. Erst in dem Moment, in dem eine Messung oder eine schlichte Beobachtung erfolgt, wird durch diese Wechselwirkung in Form des Informationsaustausches aus diesem Pool eine einzige, eben die beobachtete Eigenschaft, herausgenommen. Man sagt, die Wellenfunktion kollabiert. Aus unendlich vielen Möglichkeiten wird nun eine Realität.

Die *Kopenhagener Deutung* hatte zunächst den Einfluss eines Beobachters ausgeschlossen. Görnitz schreibt dazu: „In der ursprünglichen Kopenhagener Deutung wird nach unserer Ansicht noch immer ein Einfluss von Descartes Zweiteilung der Wirklichkeit deutlich. Die Materie und damit der Körper würden den Naturgesetzen unterliegen und die Psyche mit dem Bewusstsein wäre etwas anderes. Der Beobachter mit seinem Bewusstsein steht außerhalb der naturwissenschaftlichen Beschreibung.“ [9)]

Wie nun bei einer Beobachtung, also einem Messvorgang, eine Realität entsteht, erklärt Görnitz folgendermaßen: „In dieser Erweiterung der Kopenhagener Interpretation zeigt sich, dass der wesentliche Effekt beim Messvorgang darin besteht, dass aus dem gemessenen System die Information über Quantenmöglichkeiten unwiederbringlich entweicht, so dass schließlich nur noch das übrig bleibt, was wir dann als Faktum ansehen können." [10)]

Der Quantenphysiker und Philosoph David Bohm, der noch mit Einstein zusammengearbeitet hatte, hatte zunächst die Kopenhagener Deutung der Quantenmechanik befürwortet, schließlich aber mit der „Bohmschen Mechanik" eine eigene Deutung entwickelt. Er schildert in seinem Aufsatz „Fragmentierung und Ganzheit" die Realität anschaulicher als „ungeteilte Ganzheit in fließender Bewegung". Er schreibt: „„…dass das Fließen gewissermaßen den „Dingen", die man in diesem Fließen entstehen und vergehen sehen kann, vorausgeht. Vielleicht lässt sich dies veranschaulichen, wenn man den „Strom des Bewusstseins" betrachtet. Dieser Fluss des Bewusstseins ist nicht genau fassbar, und doch geht er offensichtlich den fassbaren Formen der Gedanken und Ideen voraus, die man fließend entstehen und vergehen sehen kann wie Kräuselungen, Wellen und Strudel in einem fließenden Strom. Und wie es auch mit solchen Bewegungsfiguren in einem Strom der Fall ist, so kehren manche Gedanken immer wieder und halten sich mehr oder weniger hartnäckig, während andere verschwinden. Nach der hier vorgeschlagenen, allgemeinen Ansicht ist alle Materie so beschaffen: Es gibt einen universellen Fluss, der sich nicht explizit fassen, sondern nur implizit erkennen lässt, wie es die explizit fassbaren Formen und Bildungen andeuten – einige gleichbleibend, andere veränderlich –, die man von dem universellen Fluss abstrahieren kann. In diesem Fließen sind Geist und Materie keine voneinander getrennten Substanzen, sondern vielmehr verschiedene Aspekte einer einzigen ganzen und bruchlosen Bewegung." [11)]

Auch wenn diese Bilder vom Strom sehr anschaulich sind, ist Bohms Theorie der *Impliziten Ordnung* doch recht komplex und unserem gewohnten Denken nach den alten Naturgesetzen sicher recht fremd. Doch lassen Sie sich einen Moment einmal auf das Bild ein, dass in der Impliziten Ordnung wie in einem allumfassenden Ozean alles enthalten ist, jede denkbare Möglichkeit, und dass dann eben aus diesem Ozean heraus jeweils Wellen entstehen, die natürlich nicht vom Ozean getrennt sind, aber doch konkrete, explizite Gestalt annehmen, real werden und dann wieder vergehen und wieder Teil des Ozeans werden.

In einem Gespräch mit der Autorin und Wissenschaftlerin Renée Weber, die in ihrem Buch „Alles Leben ist eins – Die Begegnung von Quantenphysik und Mystik" Gespräche mit Wissenschaftlern und geistigen Meistern gesammelt hat, erläutert Bohm seine Idee der Impliziten Ordnung im Prinzip der Einfaltung und Entfaltung: „Generell kann uns nicht die ganze eingefaltete Ordnung aufgezeigt werden, nur einige Formen von ihr manifestieren sich für uns. Bringen wir diese eingefaltete Ordnung in eine manifestierte Form, wird uns die Erfahrung der Wahrnehmung zuteil. Dies bedeutet jedoch nicht, dass die Gesamtheit der Ordnung das ist, was sich manifestiert. Die cartesische Sichtweise wäre: Die Gesamtheit der Ordnung vermag sich potenziell zu manifestieren, obgleich wir vielleicht nicht wissen, wie wir sie zur Manifestation bringen können. Dazu mögen wir Mikroskope, Teleskope und andere Instrumente benötigen. Für die Implizite Ordnung macht das, was sichtbar ist, nur einen Bruchteil der eingefalteten Ordnung aus. Daher führen wir die Unterscheidung ein zwischen dem Teil, der manifestiert, und dem Teil, der unmanifestiert ist. Sie mag sich einfalten und unmanifestiert werden oder in die manifestierte Ordnung entfalten, um sich wiederum einzufalten. Die Grundbewegung liegt in Einfaltung und Entfaltung." [12)]

Etwas nüchterner beschreibt Görnitz dieses Geschehen: „Entsprechend der mathematischen Struktur der Quantentheorie bilden miteinander wechselwirkende Objekte ein teileloses Ganzes. Die Teile, aus denen ein Ganzes gebildet wurde, oder die Teile, in die ein Ganzes zerlegt werden könnte, existieren in der Ganzheit nur virtuell, nur der Möglichkeit nach. Sie können also höchstens bei einem Eingriff real und faktisch werden, sie sind es aber vor dem Eingriff noch nicht. Allerdings ist auch hierbei ein gewisses Augenmaß zu bewahren. Nicht für alle Gebilde, die im Rahmen der Quantentheorie betrachtet werden, ist es sinnvoll, sie immer und unter allen Umständen als teilelose Quanten zu beschreiben. Wenn die Masse der Ausgangsteile im Verhältnis zur Bindungsenergie groß ist, dann ist eine Zerlegung wieder in die Ausgangsteile das Wahrscheinliche. Die meisten untersuchten Moleküle in der Chemie dürfen in gewisser Hinsicht als aus Atomen zusammengesetzt verstanden werden, da im Rahmen der *Chemie* ein Molekül stets wieder nur in die Atome zerlegt wird, aus denen es auch aufgebaut wurde. Die *Bindungsenergie* zwischen den Atomen ist so gering, dass bei einer chemischen Reaktion keine Elektronen und erst recht keine Atomkerne erzeugt oder vernichtet werden. Daher dürfen die Atomkerne in diesem Zusammenhang auch in einem Molekül wie Objekte verstanden werden. (Das ist ein gewichtiger Gegensatz zu den physikalischen Verhältnissen in der *Hochenergiephysik*, wie z.B. am CERN. Dort werden ständig massive Teilchen in sehr großer Zahl erzeugt und teilweise auch wieder vernichtet.) Für die Elektronen gilt, dass deren Gesamtladung und damit die Anzahl der Elektronen, ihre Summe, wie als etwas Objektives verstanden werden kann. Eine Untermenge der Elektronen – die sogenannten Valenzelektronen – bildet jedoch eine Ganzheit, und für diese würde die Vorstellung einer Summe von Teilchen falsche Assoziationen erzeugen. Die Valenzelektronen sind eine Ganzheit, die wie ohne Teile über das Molekül ausgebreitet wirkt.“ [13)]

Bohm schreibt an anderer Stelle in seinem genannten Aufsatz: „So ist, wie dargelegt wurde, jede relativ autonome und stabile Struktur (zum Beispiel ein Atomteilchen) nicht als etwas unabhängig und dauernd Existentes zu verstehen, sondern vielmehr als ein Produkt, das im Zuge der ganzen fließenden Bewegung geformt wurde und das sich zuletzt wieder in dieser Bewegung auflösen wird. Wie es sich formt und erhält, hängt demnach von seinem Ort und seiner

Aufgabe im Ganzen ab. Wir sehen also, dass bestimmte Entwicklungen in der modernen Physik eine Art Einblick in die Natur nach sich ziehen, der im Hinblick auf die Begriffe der formgebenden und der Zweckursache wesentliche Ähnlichkeiten mit Anschauungen aufweist, die zu früheren Zeiten üblich waren.“ [14)]

Bohm verweist damit auf den Begriff der „Ursache“. Über diesen Begriff hatte Aristoteles bereits intensiv nachgedacht und ihn in vier Kategorien unterschieden: Die Stoffliche Ursache, die Wirkursache, die Formgebende Ursache und die Zweckursache. Er ging dabei, anders als Platon, davon aus, dass das, was allen Dingen ihre Form gibt, nicht etwa ewige Ideen außerhalb der Dinge seien, sondern durch die ewige Seele innerhalb gegeben werde.

Alles, wirklich alles (ohne Unterschied zwischen Geist und Materie) soll in einem umfassenden Pool von Möglichkeiten implizit vorhanden sein, woraus dann jeweils bestimmte Aspekte heraustreten und als Materie real manifestiert werden, also zur Entfaltung kommen. Diese Manifestation ist unter anderem bedingt durch Prozesse wie das Beobachten und zusätzlich bestimmt durch Ort und Zweck.

Das ruft geradezu danach, zu fragen, ob denn die moderne Physik ernsthaft glaube, dass es eine lenkende Intelligenz hinter allem gebe, wo doch die gängige Auffassung vieler Leser sicherlich ist, dass sich Religion und Naturwissenschaft durch das Zeitalter der Aufklärung irgendwie ausgeschlossen haben.

Doch schon vor dieser modernen Deutung der Quantenphysik schrieb Max Planck in seinem Aufsatz „Religion und Naturwissenschaft“: „Dagegen begegnen sich Religion und Naturwissenschaft in der Frage nach der Existenz und nach dem Wesen einer höchsten über die Welt regierenden Macht, und hier werden die Antworten, die sie beide darauf geben, wenigstens bis zu einem gewissen Grade miteinander vergleichbar. Sie sind, wie wir gesehen haben, keineswegs im Widerspruch miteinander, sondern sie lauten übereinstimmend dahin, dass erstens eine von den Menschen unabhängige vernünftige Weltordnung existiert, und dass zweitens das Wesen dieser Weltordnung niemals direkt erkennbar ist, sondern nur indirekt erfasst beziehungsweise geahnt werden kann. Die Religion benutzt hierfür ihre eigentümlichen Symbole, die exakte Naturwissenschaft ihre auf Sinnesempfindungen begründeten Messungen. Nichts hindert uns also, und unser nach einer einheitlichen Weltanschauung verlangender Erkenntnistrieb fordert es, die beiden überall wirksamen und doch geheimnisvollen Mächte, die Weltordnung der Naturwissenschaft und den Gott der Religion, miteinander zu identifizieren.“ [15)]

Mit diesem Bekenntnis reiht sich Planck in eine Reihe mit Johannes Kepler und Newton ein, die auch beide zutiefst religiös waren.

Doch Einstein, obwohl von einer gewissen Religiosität, ist bei Weitem nicht der einzige Physiker, der den Umschwung in ein neues Verständnis der Physik nicht so ohne weiteres hinnehmen wollte. Bis heute suchen Physiker wie Stephen Hawking, die sich mit einem Bewusstsein hinter dem Geschehen in der Natur schwer tun, nach einer alles erklärenden Weltformel (deren Ergebnis, wie wir seit Douglas Adams' „Per Anhalter durch die Galaxis“ wissen, natürlich „42“ ist), denn sie halten es für undenkbar, dass die Natur nicht rein materialistisch einem geschlossenen Kausal-System folgt, sondern dass es eine Spontanität und Kreativität im Universum gibt, die im Lebendigen zu einer gesteigerten Entfaltung kommt.

Schon länger fragen einige moderne Wissenschaftler nach einer schöpferischen Intelligenz oder einem Ziel und Plan für alles, da sie immer weniger daran festhalten können, dass sich alles nur durch Zufall und Selektion entwickelt hat.

6
Ewige Naturgesetze – Ist die Natur nicht eher im Prozess?

Der britische Biologe und Biochemiker Rupert Sheldrake hat sich seit den 1980er Jahren intensiv mit der Formgebungsursache befasst und mehrere Bücher über seine Theorie der morphogenetischen Felder geschrieben. Dieser Begriff beschäftigt die Biologie schon seit Beginn des 20. Jahrhunderts, da selbst Genetiker und Entwicklungsbiologen nicht umhin können, etwas einzuführen, das die Steuerung der Entwicklung sowie der Regulation und Regeneration übernimmt. Bekannt ist, dass bei der Ausdifferenzierung der Zellen je nach Bestimmung bestimmte Gene aktiv und andere blockiert werden. Doch dies muss irgendwie gesteuert werden. Mit der Theorie der morphogenetischen Felder blieb man dabei jedoch bei einem mathematischen Konstrukt.

Sheldrake geht mit seiner Theorie der Formgebungsursache weiter und sucht und beschreibt in seinen Büchern intensiv die Zusammenhänge auf allen Ebenen des Lebendigen. Diese Felder seien es also, die der Formgebung zu Grunde liegen und sie steuern sollen, indem das Betreffende, zum Beispiel ein Keim einer Buche, in eine morphische Resonanz mit dem jeweiligen Feld (eben einer Buche) tritt.

Stellen Sie sich vor, sie singen vor sich hin, und plötzlich tönt ihr Cello, das ganz friedlich in der Ecke steht, lauthals mit. Das ist Resonanz. Sie haben die Töne des Cellos getroffen – und es schwingt mit. Hier geriete also ein Buchenkeimling unter den Einfluss des Buchenfeldes und kann sozusagen mitschwingen und dabei selbst eine Buche werden – und keine Eiche!

Sheldrake erklärt mit dieser Theorie die Faltung von Proteinen, die Ausbildung kristalliner Strukturen, jeder einzelnen Zelle oder Zellorganelle, ganzer Organe und Organismen – jeweils auf der entsprechenden hierarchischen Ebene von Feldern – und schließlich sogar das Verhalten einzelner Individuen sowie das Schwarmverhalten von Fischen und Vögeln oder die Organisation von Tierstaaten, das Erlernen von Gewohnheiten und das Gedächtnis. Auf allen diesen Gebieten gibt es schließlich immer noch große Lücken, die sich mit unserer gewohnten deterministischen Wissenschaft nicht einfach aus dem mechanischen Geschehen und Wirken erklären lassen.

So entzieht sich zum Beispiel die Wirkungsweise unseres Gedächtnisses nach wie vor der genauen wissenschaftlichen Erkenntnis, da die Hirnforscher immer noch vergeblich nach sogenannten Gedächtnisspuren im Gehirn suchen, obwohl viele doch noch immer von sogenannten Engrammen sprechen, in denen die Erinnerungen in Form von synaptischen Verbindungen zwischen den Nervenzellen besteht. [1)] Die Forscher haben zwar herausgefunden, dass bestimmte Gehirnareale wie der Hippocampus dabei eine entscheidende Rolle spielen, doch kann sich das Gedächtnis nicht in einer festen „Verdrahtung" von Nervenzellen widerspiegeln, da diese kontinuierlich verändert werden, und sogar die Entfernung von Gehirnarealen nicht zum Verlust des Gedächtnisinhaltes führt. Sheldrake schreibt dazu in „Das Gedächtnis der Natur": „Im Rahmen unserer Hypothese findet die Unauffindbarkeit der Erinnerungsspuren eine ganz einfache Erklärung: Sie existieren nicht. Das Gedächtnis basiert vielmehr auf morphischer Resonanz des Gehirns mit seinen früheren Aktivitätsmustern. Wir tragen unsere Erinnerungen nicht als materielle Spuren im Gehirn mit uns herum, sondern treten in Resonanz mit unserer eigenen Vergangenheit." [2)]

Sheldrake beschreibt in diesem Buch, wie sich alles, wirklich alles als eine Art Gewohnheit entwickelt haben könnte, sogar die Naturgesetze, die wir nur als konstant und ewig ansehen, weil sie schon so lange bestehen. Er erklärt, dass natürlich eine Gewohnheit Zeit zur Entwicklung braucht und umso fester wird, je häufiger sie wiederholt wird. So sind natürlich Mineralien und Kristalle, die schon seit Urzeiten auf der Erde bestehen, immer in ihrer ganz bestimmten Form anzutreffen und haben ihren festen Schmelzpunkt, der als konstant angesehen wird. Würde jedoch eine neue Substanz im Labor geschaffen und zum ersten Mal auskristallisiert, würde sich ihr Schmelzpunkt ändern, bis sich eine Gewohnheit für diesen Prozess gebildet hat.

Sheldrake erklärt, dass genau darin die Schwierigkeit des Nachweises seiner Theorie liegt: „Wie aber sollen wir der Idee, dass die Natur habituell ist, jemals naturwissenschaftliche Geltung verschaffen, wenn eben diese Idee das naturwissenschaftliche Ideal der exakten Reproduzierbarkeit ungültig macht? Auf den ersten Blick scheint sich hier ein Paradoxon aufzutun: Wenn nämlich die Natur habituell ist, wird es nicht möglich sein, die Entwicklung einer bestimmten Gewohnheit immer wieder zu untersuchen, eben weil sie sich weiterentwickelt hat. Wir können die Entwicklung von Gewohnheiten jedoch immer wieder an neuen Arten von Molekülen, Kristallen, Verhaltensmustern und Ähnlichem studieren. Dieselben Arten von Experimenten wären dann wiederholbar. Und mit solchen wiederholten Experimenten wäre dann festzustellen, ob es bei Naturphänomenen eine allgemeine Tendenz gibt, im Laufe vieler Wiederholungen immer mehr zur Gewohnheit zu werden.“ [3)]

Sheldrake ist in der Wissenschaft heftig umstritten, und es wurden Preise für die besten Experimente zum Belegen oder Widerlegen seiner Theorie ausgeschrieben.

Im Klappentext zu „Das schöpferische Universum“ heißt es: „Die Zeitschrift „Nature“ nannte das Buch einen „Spitzenkandidaten für eine Bücherverbrennung“, gleichzeitig wurde es vom „New Scientist“ als „wichtige wissenschaftliche Untersuchung über das Wesen biologischer und physikalischer Realität“ gelobt.“

Ich persönlich finde seine Theorie faszinierend und den Gedanken an ein lebendiges Wesen der Natur viel ansprechender als an eines, das wir mit unserem starren Denken und unserem Bestreben nach Sicherheit und Kontrollierbarkeit in ein Korsett von festen Größen zwingen wollen.

David Bohm seinerseits geht mit seiner Theorie auch weit über das hinaus, was in der modernen Physik anerkannt ist, und bespricht seine Theorie in einem Gespräch mit Sheldrake, das im Anhang zur aktuellen Ausgabe von „Das schöpferische Universum" abgedruckt ist, und in dem beide zu manchen Übereinstimmungen kommen.

Hier sagt Bohm zu Sheldrake: „Wissen Sie, von Bewegung, oder von Prozess, oder von Kontinuität in der Zeit hat die heutige Quantenmechanik keinen Begriff; tatsächlich befasst sie sich bloß mit einem Moment, mit einer Beobachtung, und mit der Wahrscheinlichkeit, dass auf die eine Beobachtung eine weitere folgen wird. Ganz offenkundig laufen jedoch in der Welt der Physik Prozesse ab. Der Prozess, das möchte ich an dieser Stelle sagen, kann von der impliziten Ordnung aus als die Aktivität der Wiederentfaltung und Wiedereinfaltung verstanden werden. Wenn man mit der Theorie der impliziten Ordnung so weit geht, führt sie erheblich über die gegenwärtige Quantenmechanik hinaus." [4)]

Und an anderer Stelle: „Wenn wir die Zeit mit hineinbringen und sagen können, dass jeder Moment eine gewisse Potenzialität, ein Feld an Potenzialen hat (repräsentiert durch die Schrödinger-Gleichung) und zugleich eine – stärker eingeschränkte – Wirklichkeit (repräsentiert durch das Teilchen selbst); und wenn wir dann sagen, dass auch der nächste Moment sein Potenzial und seine Wirklichkeit hat, und weiter, dass wir eine Verbindung haben müssen zwischen der Wirklichkeit der vorherigen Momente und den Potenzialen des nächsten – das wäre die Einfaltung, nicht diejenige der Wellenfunktion der Vergangenheit, vielmehr diejenige der Wirklichkeit der Vergangenheit in jenes Feld, aus dem die Gegenwart sich zu entfalten im Begriff steht. Das würde genau auf solche Dinge hinauslaufen wie diejenigen, über die Sie sprechen. Denn sie könnten dann eine Reihe von eingefalteten Wirklichkeitsmomenten aufbauen, die das Feldpotenzial mehr und mehr einschränken würden, und diese würden die Grundlage bilden für anschließende Entfaltungen. Das würde den Einfluss der Vergangenheit auf die Gegenwart erklären.“ [5)]

Später ergänzt er noch: „Jeder Moment ist, wie schon gesagt, eine Entfaltung des Ganzen. Aber der Moment wird danach wieder in das Ganze eingefaltet, in es hineingefaltet. Und der folgende Moment wird dann, zum Teil, eine Wiederentfaltung dieser Einfaltung mit beinhalten; und in gleicher Weise setzt sich das immer weiter fort. (…) Jeder Moment wird daher eine Entfaltung der Wiedereinfaltung vorheriger Momente mit beinhalten, was einer Art Gedächtnis gleichkommt.“ [6)]

Wir haben also gesehen, dass dieser Prozess nicht nur eingleisig zu verstehen ist, in dem Sinne, dass alles irgendwie vorgegeben möglich ist und dann etwas real werden kann. Wir können dem universellen Feld auch etwas hinzufügen und somit die Realität mitbestimmen. Allerdings wird nicht alles real, was uns durch den Kopf geht. Das gäbe ein unvorstellbares Chaos, und die Menschheit wäre inzwischen sicher nicht mehr am Leben.

7

Dilemma – Kann man etwas Neues in alten Denkmustern erklären?

An dieser Stelle möchte ich von dem Dilemma sprechen, vor dem die Physiker in dieser Umbruchszeit standen.

Heisenberg erzählt in seinem Aufsatz „Positivismus, Metaphysik und Religion" von einem Gespräch mit dem Physiker Wolfgang Pauli, in dem dieser sagt: „Der Experimentalphysiker muss über seine Versuche reden können, und dabei verwendet er de facto die Begriffe der klassischen Physik, von denen wir schon wissen, dass sie nicht genau auf die Natur passen. Das ist das fundamentale Dilemma, und das darf man nicht einfach ignorieren." [1)]

Hinzu kommt die Tatsache, dass sich unsere Sprache sehr zu einer determinierenden Sprache entwickelt hat. Alle Dinge erhalten einen Namen, werden benannt und damit definiert. Ihre Existenz wird dadurch geadelt, dass sie einen Namen erhält. Doch engen uns diese Begriffe auch ein, bedingt durch unsere Erfahrungen und Vorstellungen mit und von allen Dingen.

Der Physiker und Heisenberg-Schüler Hans-Peter Dürr hat sehr treffend ausgedrückt, dass es sich bei unserer normalen Umgangssprache um eine „was-Sprache" handelt. Der stellt er die Prozesshaftigkeit und Verhältnismäßigkeit der Mathematik gegenüber. Diese sei eine „wie-Sprache" und würde sich besser dazu eignen, die moderne Physik zu beschreiben, da sich mit ihrer Hilfe klare Aussagen treffen lassen, die jedoch keine festen Begriffe und Kategorien, sondern eben Verbindungen, Verhältnisse und Prozesse, also gewissermaßen ein Geschehen, ausdrücken lassen. Versuchen Sie einmal, sich eine einfache mathematische Formel vorzustellen, etwa die folgende:

$$7 < 4 + 5$$

Hier werden also drei Zahlen miteinander in Verbindung gebracht. Zwei von ihnen werden addiert, bilden also ein neues Ganzes, und diese Summe wird in eine Beziehung zu der dritten Zahl gesetzt.

Obwohl den meisten Menschen die Sprache der Mathematik eher fremd und in Erinnerung an die Schulzeit abstrakt und kompliziert erscheinen dürfte, ist sie doch eine Sprache, die etwas Lebendiges ausdrückt.

Genau auf dieses lebendige Geschehen werden wir uns wohl einlassen müssen, wenn wir die moderne Physik verstehen wollen. Vor allem müssen wir sie verinnerlichen und nicht bloß verstehen, so dass sie nicht bloß ein theoretisches Konstrukt bleibt, sondern uns selbst als lebendige Wesen in den Prozess des Verstehens und Wirkens mit einbezieht. Dann werden wir uns auch nicht mehr „nur das Hirn zermartern“ in der Hoffnung, die Formeln intellektuell erfassen zu können, sondern wir werden uns ihnen auf umfassendere Weise als ganze Menschen nähern und sie vielleicht mit einem anderen Sinn erfassen, als es uns rein intellektuell und somit sprachlich ausdrückbar möglich ist. Wir werden wissen, was gemeint ist, auch wenn wir es nicht in Worte fassen können.

8

Wirklichkeit – Ist die Realität durch das bestimmt, was wirkt?

An das eben geschilderte Dilemma knüpft auch eine Aussage von Bohm an, die er im Gespräch mit Sheldrake gemacht hat: „Merkwürdigerweise hat die Physik gegenwärtig überhaupt keine Beziehung zum Begriff der Wirklichkeit. Sehen Sie, die klassische Physik hat immerhin noch einen gewissen Wirklichkeitsbegriff, indem sie sagt, Wirklichkeit bestehe in einem ganzen Sammelsurium von Teilchen, die sich auf eine bestimmte Weise bewegen und miteinander interagieren. In der Quantenphysik hingegen hat man jetzt überhaupt keinen Wirklichkeitsbegriff mehr, denn ihre Gleichungen, so wird uns erklärt, beschreiben nichts Wirkliches, sie beschreiben lediglich die Wahrscheinlichkeit dessen, was der Beobachter sehen könnte, sofern er eine bestimmte Art von Gerät hätte, und man geht also davon aus, dieses Gerät sei notwendig für den Wirklichkeitsnachweis des Phänomens. Bei diesem Gerät ist aber wiederum davon auszugehen, dass es aus ähnlichen Teilchen besteht, welche denselben Gesetzmäßigkeiten unterliegen und daher ihrerseits ein weiteres Gerät einfordern, mit dem man ihnen attestieren könnte, dass sie wirklich sind. Und das würde sich immer weiter so fortsetzen – als Regressus ad infinitum. Wigner* hat vorgeschlagen, diesem Rückgang ins Unendliche ein Ende zu setzen, indem man sagt, das Bewusstsein des tatsächlichen Beobachters sei die Instanz, die allen Phänomenen Wirklichkeit verleiht." [1)]

* Der ungarisch-amerikanische Physiker und Nobelpreisträger Eugene Paul Wigner

Also wieder der Beobachter, von dem nach der modernen Quantenphysik alles abhängt.

Was lässt sich über den Begriff der Wirklichkeit aussagen? Heisenberg verfasste, in Anlehnung an Johann Wolfgang von Goethe, eine „Ordnung der Wirklichkeit“ und schreibt über die verschiedenen Bereiche der Wirklichkeit: „Wir müssen uns also wohl fürs erste damit abfinden, dass sehr verschiedenartige Zusammenhänge unser Leben bestimmen können; und wenn das Wort Wirklichkeit nichts anderes bedeutet, als die Gesamtheit der Zusammenhänge, von denen unser Leben durchwirkt und getragen ist, so ist es wohl wahr, dass es sehr verschiedene Bereiche oder Schichten der Wirklichkeit geben muss. (…) Damit wird von Neuem die Aufgabe gestellt, die verschiedenen Zusammenhänge oder „Bereiche der Wirklichkeit“ zu ordnen, zu verstehen und in ihrem gegenseitigen Verhältnis zu bestimmen; sie in Beziehung zu setzen zur Einteilung in eine „objektive“ und eine „subjektive“ Welt; sie gegeneinander abzugrenzen und einzusehen, wie sie durch einander bedingt sind; schließlich so zu einem Verständnis der Wirklichkeit vorzudringen, das die verschiedenen Zusammenhänge als Teile einer einzigen sinnvoll geordneten Welt begreift.“ [2)]

Er schreibt über die Sprache, die grundsätzlich in ihrem Anwendungsbereich nicht klar abgegrenzt ist, sondern in ihrer Verwendung vom jeweiligen Kontext bestimmt wird. Bereits als Kinder machen wir dabei die Erfahrung, dass der Erfolg zeigt, ob wir die Sprache korrekt zur Benennung der von uns gemeinten Dinge verwenden.

Er stellt jedoch fest: „Ein vollständiges und exaktes Abbild der Wirklichkeit kann nie erreicht werden. [3)] (…) Wenn wir von einem klar verstandenen, wissenschaftlich schon geordneten Bereich der Wirklichkeit zu einem neuen übertreten, so geraten wir von Neuem in die Situation des Kindes, das gleichzeitig Denken und Sprechen lernen muss; das noch nicht sprechen kann, da ihm ausdrückbare

Gedanken fremd sind; und das noch nicht denken kann, da ihm die Begriffe fehlen, an denen sich Gedanken ordnen und verknüpfen können. (…) Obwohl also unser Denken stets gewissermaßen über einer grundlosen Tiefe schwebt – da wir nie von dem festen Grund klarer Begriffe aus Schritt für Schritt in das unbekannte Neuland vordringen können –, so wird dieses Denken doch schließlich jeder neuen Erfahrung, jedem zugänglichen Bereich der Wirklichkeit gerecht werden können.“ [4)]

Meiner Meinung nach drückt sich hier eine wunderbare Eigenschaft Heisenbergs aus, die sein Schüler Hans-Peter Dürr bestätigt. Er lässt sich nicht vom Nicht-Wissen ins Bockshorn jagen, sondern gibt sich im Schweigen Zeit, bis die Dinge sich neu ordnen. Dürr hat viele Diskussionen mit ihm geführt und nach seiner eigenen Aussage vieles im Schweigen stehen lassen müssen, bis sich eine Klarheit zwischen den Gesprächen eingestellt hätte.

Heisenberg sucht eine „Ordnung der Wirklichkeit nach gesetzmäßigen Zusammenhängen“. Er betont dabei, dass es nötig ist, dass die verschiedenen Bereiche der Wirklichkeit zwar voneinander getrennt sein sollen, indem in ihnen jeweils eigene Gesetzmäßigkeiten herrschen, diese Bereiche jedoch unbedingt in enger Beziehung zueinander stehen sollen, indem „gewisse niedere Bereiche als spezielle und einfache Grenzfälle in höheren Bereichen enthalten sind“. [5)]

Seine Ordnung der Wirklichkeit soll dabei vom Objektiven, also dem Bereich, „den wir ganz außerhalb von uns stellen können, in dem wir ganz absehen können von den Methoden, mit deren Hilfe wir von seinem Inhalt Kenntnis erlangen“ [6)], ausgehen und zum immer subjektiveren fortschreiten, in dem „in immer steigendem Maße das Erkenntnisverfahren, das uns von der Wirklichkeit Kunde gibt, selbst einen Bestandteil der Zusammenhänge bildet, die den betreffenden Bereich ausmachen.“ [7)]

Er ordnet die Bereiche der Wirklichkeit wie folgt:

1) Bereich der Physik mit seiner objektiven Beschreibung der Natur durch die einfachen Naturgesetze der Mechanik, Elektrizität und des Magnetismus. Er schließt hier auch den Bereich ein, den die Relativitätstheorie erschlossen hat, und verbindet diesen Bereich für Strecken von einigen Milliarden Lichtjahren und Zeiträume von Milliarden von Jahren mit dem Bereich der klassischen Physik für kleine Strecken und Zeiträume, da beide Bereiche vollständig objektivierbar sind.

2) Bereich der Chemie mit seiner Beschreibung der Eigenschaften der Dinge und der Quantentheorie, in der der Zustand eines Systems durch bestimmte Zustandsgrößen oder Zustandsfunktionen beschrieben wird, die jedoch nur „die Wahrscheinlichkeit dafür, dass jene Eigenschaft, die beobachtet werden soll, ganz bestimmte Werte annimmt“ [8)] bezeichnet. Heisenberg erklärt hier den Zusammenhang des chemischen Bereichs mit dem der Physik dahingehend, „dass die Zusammenhänge der klassischen Physik, also jene Zusammenhänge, die sich unmittelbar auf objektive Vorgänge in Raum und Zeit beziehen, als Grenzfälle in den allgemeineren der Quantentheorie enthalten sind“. [9)]

3) Das organische Leben, das nicht nur den Gesetzen der Physik und der Chemie, sondern auch biologischen Gesetzen unterliegt, in denen die Organismen untereinander in für sie typische Beziehungen treten können. In diesem Bereich nimmt der Mensch eine Sonderstellung dadurch ein, dass er Zugang zu den schöpferischen Kräften hat.

4) Das Bewusstsein

5) Das Symbol, das nicht etwas Bestimmtes bedeutet, sondern von dem gilt: „Es versetzt uns in einen besonderen Zustand, es macht uns aufnahmebereit und öffnet uns Tore zu schwer zugänglichen Bereichen der Wirklichkeit.“ [10)]

Im letzten Kapitel seiner „Ordnung der Wirklichkeit“ macht er sich schließlich Gedanken über Existenz, Wirklichkeit und Glaube und stellt Überlegungen zu der alten Frage nach der Existenz Gottes im Laufe der Bewusstseinseinwicklung an.

Zunächst hätte der Mensch einfach sagen können: „Ich glaube an Gott.“ Der nächste Schritt sei der des Zweifels des modernen Bewusstseins: „Es gibt keinen Gott, es gibt nur ein unpersönliches Gesetz.“ Für die dritte Stufe zitiert er Voltaire „Wenn es keinen Gott gäbe, müsste man einen erfinden.“ [11)]

Heisenberg kommt schließlich zu der Überlegung, dass alle diese Aussagen zu kurz greifen, weil „ wir ja gar nicht genau wissen, was das Wort „Gott“ und insbesondere was das Wort „es gibt“ bedeutet. Das Wort „es gibt“ ist ja ein Wort der menschlichen Sprache und bezieht sich auf die Wirklichkeit, wie sie sich in der menschlichen Seele spiegelt; über eine andere Wirklichkeit kann man nicht sprechen. Wenn das Wort „es gibt“ aber keine andere Wirklichkeit bedeuten kann, so verwandelt sich sein Sinn, so wie sich die Wirklichkeit mit unserem Glauben verwandelt. Über den letzten Grund der Wirklichkeit kann nur im Gleichnis gesprochen werden, und wenn die Menschen im Gleichnis sagen: „Ich glaube an Gott, den Vater“, so lenkt dieser Gott durch den Glauben wirklich die Schicksale der Menschen wie ein Vater. Dieser Glaube ist kein Selbstbetrug, sondern nur die bewusste Hinnahme der nie zu lösenden Spannung in der Wirklichkeit, die sicher unabhängig von uns Menschen „objektiv“ ist und abläuft und die doch auch wieder nur Inhalt unserer Seele ist und sich von unserer Seele her verwandelt. Der gleiche Sachverhalt kann die Menschen daher auch in die entgegengesetzte Richtung führen: Wenn sich etwa in der heutigen Zeit große Gruppen von Menschen zu dem Glauben bekennen, dass das Wort „ist“ eigentlich nur auf den objektivierbaren Teil der Wirklichkeit anzuwenden sei, so läuft die Welt auch „wirklich“ nur noch nach Ursache und Wirkung, ohne höheren „Sinn“, ab. So scheint es einfach vom Glauben der Menschen abzuhängen, ob ein gütiger Vater die Geschicke der Welt leitet oder ob das Gesetz von Ursache und Wirkung mitleidlos über alle menschlichen Schicksale hinwegschreitet.“ [12)]

Hier haben wir also die Aussage eines Quantenphysikers, dass das Ergebnis vom Beobachter und seiner Einstellung abhängig ist. Er nähert sich damit sehr einem gläubigen Menschen an, der sich dem liebevoll fürsorgenden Vater-Gott gern überlässt und sich seines Glaubens sicher ist.

Dürr wiederum geht aber in seiner Auffassung der Welt und der daraus folgenden Konsequenzen wesentlich weiter, indem er auf die Einheit aller Dinge zielt.

In seinem Interview über die Wirklichkeit erklärt Dürr, wie Meister Eckhart die Welt als Wirklichkeit begreift, als etwas, das sich ewig ändert, und nicht als Realität, also etwas, das sich dinglich fassen lässt. [13)]

Auch Dürr stellt zunächst einmal fest, dass es keine Materie gibt. Diese Tatsache schockiert den normalen Leser bereits, hat er doch ein solides Buch in der Hand, sitzt vermutlich auf einer festen Sitzgelegenheit oder hat zumindest festen Grund unter sich.

Quantenphysikalisch betrachtet, besteht diese sogenannte feste Materie jedoch, wie wir gesehen haben, zu über 90 % aus Nichts – aus Zwischenräumen zwischen den Elementarteilchen. Selbst diese befinden sich aber nicht an einem festen Ort in einem festen Zustand, sondern halten sich mit einer bestimmten Wahrscheinlichkeit nur an einem Ort und in einem Zustand (einem Spin) auf.

Sie selbst sind auch nicht das, was wir uns unter dem kleinsten Teilchen vorgestellt haben, in die wir die Materie zerlegten, seit wir seit Demokrit technisch so große Fortschritte gemacht haben. Sie sind bloß Schwingungsfiguren. Von diesem ständigen Schwingen merken wir im groben Rahmen unserer makroskopischen Betrachtungsweise allerdings nichts, so dass der Eindruck von etwas Festem entsteht. Meister Eckhart spricht allerdings von einem „Wirbel“ und „Urquell“ [14)].

Es gibt also keine Materie, es gibt nur die Form. Wir können nur statistisch angeben, wie die Materie vermutlich „aussieht“, und sie „entscheidet“ sich auch erst in dem Moment zu dieser einen Form, in dem wir sie dazu festlegen, indem wir sie beobachten. Vorher waren auch andere Konstellationen aus dem oben erwähnten Ozean an Möglichkeiten denkbar und möglich.

Warum ist dann aber mein Schreibtisch, an dem ich gerade sitze, fest und stabil und wird nicht plötzlich im nächsten Bruchteil einer Sekunde zu etwas ganz anderem, was ja durchaus möglich wäre? Warum kann ich mich doch darauf verlassen, dass der Tisch nicht plötzlich unter meinem Laptop verschwindet?

9

Potenzialität – Ist grundsätzlich alles möglich?

Zunächst lassen Sie uns an dem Gedanken festhalten, dass alles möglich ist.

Das ist ein ungeheures Potenzial, und Dürr spricht daher nicht von Realität, sondern von Potenzialität, wie wir bei Bohm ja auch schon gelesen haben.

Dürr sagt: „Das heißt, in der Physik ist die Wirklichkeit nicht Realität, sondern Potenzialität. Sie ist nur die „Möglichkeit“, die sich energetisch und materiell irgendwo manifestieren „kann“, sozusagen als etwas noch nicht Entschiedenes, Schwebendes. Und diese Potenzialität ist räumlich nicht lokalisiert. Die Welt ist das Eine und Ganze. Das führt dazu, dass die ganze Welt überhaupt keine Ränder hat. Es gibt nur das Eine, und wir könnten sagen, es ist das Ganze. Das „Ganze“ ist aber auch nicht das richtige Wort. Das Ganze ist ja etwas, dem kein Teil fehlt. Aber wenn es gar keine Teile gibt, dann können wir es auch nicht das Ganze nennen.“ [1)]

Es gibt also keine Teile. Das, was wirklich zählt, ist die Verbindung zwischen den Teilchen, denn diese ist wirklich, sie *wirkt*. Es gibt also keine Existenz, sondern nur Wirklichkeit. Damit hat Dürr eine neue Verwendung für das Wort „Wirklichkeit“ gefunden, die eigentlich nicht neu ist, aber in ihrer wörtlichen Bedeutung eben so vorher nicht klar war.

Er ist auch dafür, die Elementarteilchen nicht mehr Teilchen zu nennen, die sie ja nicht sind, sondern „Wirks“ oder „Passierchen“, weil sie etwas darstellen, das wirkt oder gerade passiert.

Was passiert denn nun gerade? Was bewirkt, dass mein Tisch eben nicht gerade verschwindet?

Wenn man unzählige dieser Passierchen zusammennimmt und mischt, werden sich ihre Effekte mitteln, und es entsteht ein Durchschnitt.

Sicher kennen Sie die Bilder von Gesichtern, die entstehen, wenn man unzählige Fotos von Gesichtern (natürlich nach Männern und Frauen getrennt) überlagert. Es entsteht ein Durchschnittsgesicht. So ähnlich können wir es uns wohl nach Dürr vorstellen, dass aus unzähligen sich zufällig bewegenden Teilchen etwas Bestimmtes entsteht, das unseren gewohnten Naturgesetzen folgt – beispielsweise ein solider Schreibtisch.

Aber Dürr überlegt, ob es nicht sein könne, dass sich diese Passierchen einmal nicht „ausmitteln“ würden, so dass ihre Wirkung unerwartet dort zum Vorschein kommen könnte, wo dann eine neue Form entsteht. Lebendigkeit und Kreativität kommen hier zum Vorschein.

Görnitz formuliert das so: „Während ein einzelnes Qubit als „Grundschwingung“ dieses kosmischen Raumes veranschaulicht werden kann, können (…) viele Qubits, die alle im gleichen Zustand sind – man kann in einem solchen Fall von Resonanz sprechen – eine stark lokalisierte Form annehmen.“ [2)]

Dürr betont daher auch, „dass wir etwas, das fundamental kreativ und indeterminiert angelegt ist, eigentlich nicht mit dem „toten“ Materiellen vergleichen sollten; denn es hat die wesentlichen Ingredienzen dessen, was wir lebendig nennen. (…) Im Urgrund oder an der Urquelle ist etwas, das dem Lebendigen viel ähnlicher ist als der Materie. Es ist nämlich alles im ewigen Wandel, und es ist nur der Wandel, der sozusagen das Bauelement ist, und nicht ein Etwas, das verwandelt wird. Das Etwas gibt es gar nicht. Die Materie kommt auf einer Ebene zustande, wo sich alles Wandelnde überlagert (…).“ [3)]

Das ist ein sehr schöner Gedanke, der einem Mut machen kann, sich auf die Kreativität des Lebens einzulassen und sich nicht selbst mit allzu starren Vorstellungen einzuengen.

Dieses Lebendige kommt also in dem Moment zum Ausdruck, wo sich etwas aus dem Gesamten Feld – oder Bohms Impliziter Ordnung – realisiert. Dafür ist erneut die Umwelt, also wieder unser Beobachter, von Bedeutung.

Dürr macht das am Beispiel eines umgedrehten Pendels deutlich. Ein Pendel, das auf dem Kopf steht, hat am höchsten Punkt seiner Auslenkung seine instabilste Lage und kann nun in die eine oder die andere Richtung zur stabilen Ruhelage zurückkehren. Doch es lässt sich davon beeinflussen, auf welcher Seite der Experimentator daneben steht. Das Pendel ist also auf eine gewisse Art „sensibel“. Dürr schreibt: „An dem Punkt höchster Sensibilität „spürt“ das Pendel, was in der ganzen Welt los ist. Doch jetzt kommt es: An dieser Stelle „spürt“ das Pendel nicht die alte Welt, sondern die neue Welt. Es „erlebt“ jetzt dieses Hintergrundfeld, diese Potenzialität, die keine Realität mehr ist, in dem alles mit allem zusammenhängt. Wir könnten auch sagen, das Pendel wird an diesem Punkt „lebendig“. Es tritt in Kontakt mit dem Informationsfeld des Ganz-Einen.“ [4)]

10

Realität – Wie wird etwas Mögliches real?

Wenn also grundsätzlich alles zwar potenziell möglich ist, aber eben ohne Eigenschaften vorliegt, wie wird dann daraus etwas Reales? Aus potenzieller Energie und Information müssen konkrete Kräfte werden, die Massen miteinander verbinden und somit den Raum und die Zeit bestimmen, die die entstehende Struktur einnimmt und bestehen lässt.

Der Biologe und Physiker Ulrich Warnke hat sich in seinen – umstrittenen – populärwissenschaftlichen Büchern mit den Grenzgebieten zwischen Biologie, Physik, Philosophie, Psychologie, Medizin und Spiritualität beschäftigt und schreibt in seinem Buch „Quantenphilosophie und Spiritualität": „Jeder Raum lässt die für ihn typischen akustischen und elektromagnetischen Schwingungsfrequenzen zu. (…) Alle Elektronen in einem Raum ordnen sich dann den erlaubten Schwingungsgrößen unter. Die kollektive Schwingungsfrequenz von Elektronen hängt also von der Größe und Form des jeweiligen Raumes ab. Nur ganze Wellenberge und Wellentäler sind erlaubt. Die Wellen müssen genau zwischen die gegenüberliegenden Wände passen. [1] (…) Jedes Elektron fühlt die Besonderheit eines Raumes und modifiziert sein Verhalten entsprechend. Es unterwirft sich den spezifischen Schwingungsfrequenzen. So hat jeder Raum seine Eigenschwingung und ist deshalb Information für die Festlegung von Wellenlängen. Jede Frequenz entspricht einer bestimmten Quantenenergiegröße und damit einem bestimmte Eigenschaften übertragenden Teilchen. Wir brauchen die in unserem Körper konstruierten Räume also, um bestimmte Energiegrößen per Resonanz aus dem Vakuum abzugreifen, sie im Kollektiv gleichzeitig reagierender Teilchen zu verstärken und Bindungsbrücken als Kräfte zwischen Massen herzustellen. [2)] (...) Der direkte materielle Aufbau unseres Körpers wird möglich, weil das DNS-Gedächtnis und das Gedächtnis des „Meeres aller Möglichkeiten“ dafür sorgen, dass resonant schwingende Moleküle immer wieder neu auf- und abgebaut und an den richtigen Stellen innerhalb der vorgegebenen Matrix unseres Körpers platziert werden. Auf diese Weise werden Kräfte übertragen, die uns die notwendige Festigkeit geben und uns funktionieren lassen.“ [3)]

Diese Schilderung klingt zwar sehr konkret, aber gleichzeitig auch sehr diffus und ist auch nur als eine Theorie zu verstehen, die uns aber sehr an Sheldrakes Theorie der morphischen Resonanz erinnern kann. Auch Sheldrake behauptet, es könne sein, dass per Resonanzphänomen bestimmte Teilchen mit dem entsprechenden Feld in Kontakt treten und daher ihre Lage und ihre Entwicklung bestimmen können.

Wir müssen diese Frage wohl noch offen und der künftigen Wissenschaft überlassen, bis vielleicht eines Tages näher geklärt ist, wie eigentlich genau sich die Entwicklung von neuen oder alten Formen vollzieht.

Wir können uns aber nun fragen, warum sich unsere Umwelt, die wir tagtäglich wahrnehmen, nicht permanent durch unsere Beobachtung oder unsere Absicht verändert. Das wäre auch sicherlich sehr verwirrend! Oder warum wir Dinge nicht bewusst rückwirkend wiedergutmachen können, wenn etwas schiefgelaufen ist, was doch sicherlich sehr praktisch wäre. Warnke sagt dazu Folgendes: „Der makroskopische Anfangszustand besteht aus Myriaden von Elementarteilchen, die nicht synchron veränderbar sind. Es ist nicht möglich, den Zeitpfeil auf Vergangenheit zu stellen – nicht etwa, weil die Naturgesetze es nicht erlauben (sie erlauben es immer), sondern weil der „richtige Anfangszustand“ nicht zur Verfügung steht. Eine Vase fällt vom Tisch, und wir haben Scherben. Der „richtige Anfangszustand“ ist nun eine Funktion der Wahrscheinlichkeit. Rein statistische Gesetzmäßigkeiten entscheiden darüber, ob aus den Scherben eine Tasse wird.“ [4)]

Das ist bei so vielen Teilchen (Elementarteilchen, nicht Scherben-Teilchen!) eben schier unmöglich. Wir müssen dabei aber auch noch den Aspekt der Thermodynamik hinzunehmen, auf den wir im nächsten Kapitel kommen werden.

Hier haben wir einige Aspekte kennengelernt, die sehr verwirrend wirken, wenn wir unsere normale Vorstellung von der Zeit zu Grunde legen.

Wir müssen uns also ein wenig mit der Zeit auseinandersetzen.

11
Zeit – Spielt sie überhaupt eine Rolle?

Jeder von uns würde wohl unterschreiben, dass es die Zeit gibt. Die Zeit bestimmt unseren Alltag, ist wahrnehmbar am täglichen Verlauf von Sonne und Mond, an den Jahreszeiten, unserem eigenen Puls und schließlich natürlich an der Uhr, die in ihrer Erfindung darauf geeicht wurde, uns die genaue Zeit anzugeben.

Was aber genau beschreibt die Zeit physikalisch? Das Andauern oder Fortschreiten von Prozessen und die Reihenfolge von Ereignissen. Wir messen die Zeit mit immer besser gewordenen Uhren, die im Wesentlichen auf Schwingungsprozessen beruhen, also Mechanismen, die immer wieder periodisch in den gleichen Zustand gelangen, wie ein Pendel oder eben auch die moderne Atomuhr, die den Schwingungszustand von Atomen zugrunde legt. Wir müssen uns allerdings dessen bewusst werden, dass wir nicht die Zeit an sich messen, sondern eine Größe relativ zu einer anderen. Also eben zum Beispiel die Dauer, die unser Tee ziehen soll, anhand des Sandes, der in der Sanduhr durchrieselt. Aber man hat sich darauf verständigt, dass wir eben diese Variable „Zeit" dazu einführen.

An sich war man bis Albert Einstein der Ansicht, dass die Zeit unabhängig von Objekten abläuft. Man ging von einer absoluten Zeit aus, legte lediglich den 24-Stunden-Rhythmus der Eigendrehung der Erde zugrunde, zerteilte die Erde in Zeitzonen, so dass der jeweilige höchste Sonnenstand einer Ortszeit von 12h entsprach, und stimmte die Uhren aufeinander ab, um das allgemeine gesellschaftliche Leben zu ermöglichen. Doch ist die Zeit damit nicht doch wieder Menschenwerk?

Was also ist die Zeit?

Bereits Augustinus schrieb in seinen „Bekenntnissen" im 4. Jahrhundert über die Zeit: „Was ist also die Zeit? Wenn mich niemand darüber fragt, so weiß ich es; wenn ich es aber jemandem auf seine Frage erklären möchte, so weiß ich es nicht." [1)]

Und auch die Philosophie stellte hauptsächlich dar, wie die Zeit Abläufe und Ereignisse ordnet und eigentlich bloß ein Gedankenkonstrukt ist. Zeit ist nur die Abfolge von Ereignissen, die wir wahrnehmen. Vergangenheit und Zukunft entstehen nur in unseren Gedanken. Man sagt, nur die Gegenwart sei real; und schließlich kennen wir alle die Erfahrung, dass Zeit sehr subjektiv sein kann, wenn sie einmal „wie im Fluge vergeht" oder auch einmal schier gar nicht vergehen will.

Albert Einstein hatte ja bereits mit seiner Relativitätstheorie die absolute Zeit relativiert. Wie bereits erwähnt, stellte er dar, dass die Zeit relativ und für einen ruhenden Beobachter anders als für einen Beobachter in Bewegung abläuft. Und Gegenstände, also Massen, verändern die Zeit. Sie läuft somit an verschiedenen Stellen im Gravitationsfeld verschieden schnell ab. In Gegenwart großer Massen, zum Beispiel in einem Schwarzen Loch (also einem „kollabierten" Stern, der sich so stark zusammengezogen hat, dass seine Masse auf immer kleinerem Raum immer größer wurde, bis er verschwand), steht die Zeit nahezu still.

Dennoch geht die Physik bis hierhin aber noch von einer Kausalität aus, von einem Vorher und einem Nachher und einer Wirkung dazwischen, die sich nicht einfach umkehren lässt. Vergangenheit und Zukunft lassen sich nicht vertauschen.

Doch wir hatten schon erfahren, dass die Gesetze der Physik durchaus eine Bewegung in beide Richtungen der Zeitachse erlauben – in die Zukunft und in die Vergangenheit.

Aber stimmt das wirklich?

Denken wir an einen Film, den wir vorwärts oder rückwärts ablaufen lassen können. Hierbei kann uns auffallen, dass rein mechanische Vorgänge durchaus in der einen oder in der anderen Richtung möglich sind. Manche Prozesse sind jedoch nicht umkehrbar.

Woran liegt das?

Wenn wir das näher betrachten, werden wir feststellen, dass alle Vorgänge, die irgendwie mit Wärme und Wärmeverlust zu tun haben, nicht andersherum ablaufen können. Hier kommt noch einmal die Wichtigkeit der Entdeckung der Thermodynamischen Gesetze ins Spiel. Es gibt nicht nur den Satz von der Erhaltung der Energie in einem geschlossenen System, der uns vermittelt, dass ich die potenzielle Energie eines hochgehobenen Gegenstandes in Bewegungsenergie umwandeln kann, wenn er wieder herabfällt, die Gesamtenergie jedoch stets gleich bleibt. Es gibt auch den Satz von der Zunahme der Entropie. Die Entropie ist ein etwas sperriger Begriff, der oft der Einfachheit halber mit „Unordnung“ erklärt wird. In einem geschlossenen System kann diese Unordnung von selbst nur zunehmen, niemals ab – man denke mit einem Augenzwinkern an den eigenen Schreibtisch. Andernfalls muss man Arbeit, also Energie, zuführen.

Hier müssen wir noch den österreichischen Physiker Ludwig Boltzmann würdigen, der laut Wikipedia als „Vollender der klassischen Physik des 19. Jahrhunderts gilt, der an den revolutionären Neuerungen der Physik zu Beginn des 20. Jahrhunderts wie der Relativitätstheorie und der Quantentheorie zwar selber keinen Anteil mehr hatte, dessen Methoden jedoch in vieler Hinsicht zukunftsweisend waren“. [2)]

Rovelli hat in seinem Buch dargelegt, dass Boltzmann erkannt hatte, dass die Entropie gleichbedeutend ist mit der Information, die uns über ein System fehlt. Er erklärt dies anhand der Teilchenbewegung in einer heißen Tasse Tee; denn wir müssen beachten, dass Wärme nichts anderes ausdrückt als Bewegung der Teilchen. Wir kennen die Möglichkeiten ihrer Bewegung nicht genau. Wenn der Tee abkühlt, bewegen sich seine Teilchen langsamer und die in der umgebenden Luft schneller, und die Information, über die ich nicht verfüge, nämlich wie genau sich diese Teilchen bewegen, hat zugenommen. [3)] (Positives Wissen kann auch nicht von allein zunehmen – das wäre zu schön!)

Das Unwissen, die Unordnung oder die Entropie, kann von allein nur zunehmen. Für diejenigen Leser, die sich aus der Chemie an die sogenannte Boltzmann-Konstante „k“ erinnern, sei hier angemerkt, dass diese als Proportionalitätsfaktor fungiert, die die Maßeinheit des Informationsgehaltes, das Bit, in die Maßeinheit der Entropie, Joule pro Kelvin, umrechnet.

Wozu das Ganze?

Wenn wir das verstanden haben, können wir erfassen, dass alle Prozesse, die mit Wärme zu tun haben, nur in einer möglichen Richtung ablaufen können. Sie legen uns auf die uns gewohnte Zeitrichtung fest. Rovelli sagt dazu ganz schlicht: „Letztlich ist es immer die Wärme, die die Vergangenheit von der Zukunft unterscheidet.“ [4)]

Schauen wir uns also einmal das berühmte „Jetzt“ zwischen Vergangenheit und Zukunft an, von dem schon früher die Rede war.

Es gibt eine sogenannte „ausgedehnte Gegenwart“, die unter normalen Umständen bis zu 3s dauern kann, in der wir quasi zwischen zwei Ereignissen der Informationsverarbeitung verweilen.

Das „Jetzt“ ist in der Regel der Moment, in dem wir etwas bewusst erkennen oder etwas bewusst ausführen.

Doch ist es so einfach festzustellen, wann wir das tun?

Mit der Wahrnehmung ist es schon einmal nicht so leicht. Denken Sie nur an Ihren letzten Besuch im Kino. Warum sehen Sie einen zusammenhängenden Film und nicht bloß einzelne Bilder, aus denen der Film, wie Sie ja wissen, besteht? Weil es eine Schwelle gibt, ab der Sie getrennte Bilder nicht mehr getrennt wahrnehmen können, was an der Reizverarbeitung in der Netzhaut liegt. Im Kino liegt nun diese sogenannte Flickerfusionsfrequenz unterhalb der Frequenz, mit der die Bilder gezeigt werden, was ja bedingt ist durch die Bildfrequenz, mit der sie aufgenommen worden sind (im Kinofilm üblicherweise vierundzwanzig Bilder pro Sekunde). Beim Hören gibt es natürlich auch eine Schwelle, ab der getrennte Töne nicht mehr getrennt wahrgenommen werden können. Und so fort…

Also zurück zur Ausgangsfrage: Mittels der Wahrnehmung ist es also nicht so leicht, ein bestimmtes Ereignis zu einem bestimmten Zeitpunkt festzulegen.

Wie sieht es mit unserer Entscheidung aus?

Kann ich wenigstens da selbst genau sagen, wann ich etwas tun möchte? Der amerikanische Physiologe Benjamin Libet hatte in den 1980er Jahren ein bahnbrechendes Experiment durchgeführt, in dem Versuchspersonen spontan ihre Hand bewegen sollten, während sie auf eine schnell laufende Uhr schauten, und den Zeigerstand der Uhr zu dem Zeitpunkt angeben sollten, an dem sie ihren Handlungswunsch bemerkten. Libet fand heraus, dass das Gehirn bereits vor einer eigentlich bewussten Entscheidung zur Tat aktiv ist und ein sogenanntes Bereitschaftspotenzial vorliegt.

Sein Experiment stieß vielfache Diskussionen über den sogenannten freien Willen an. Sehr kritisch hat sich auch Görnitz vor allem zu dem ganzen Setting des Versuches geäußert: „Die erste freie Willensentscheidung des Probanden ist, an einem solch relativ stupiden Versuch teilzunehmen. Diese Entscheidung wird im Verlauf des Versuches sicherlich immer wieder einmal überprüft, ob man nämlich nicht einfach nach Hause geht, anstatt nach Aufforderung „spontan" den Finger zu krümmen. – Aus der populärpsychologischen Literatur ist die Aufforderung „Sei spontan!" als klassisches Beispiel einer sogenannten Doppelbindung weithin bekannt. Sie stellt für die Handlung einen unlösbaren Widerspruch dar, da Spontanität einerseits und Handlung auf Aufforderung andererseits sich ausschließen. – Man hat sich also entschlossen, weiterhin mitzumachen, vielleicht weil man Student ist und die Bezahlung benötigt. Nun kann man nicht den geringsten Grund finden, in welchem Moment man den Finger – innerhalb des fest vorgeschriebenen Zeitfensters – krümmen sollte. Man wird sich also in einem freien Willensakt entscheiden, eine zufällige Entscheidung herbeizuführen, d.h. sich ein Signal aus dem Unbewussten geben zu lassen. Was sonst sollte man in dieser sowohl bedeutungslosen wie kriterienfreien Situation tun? Obwohl damit zu dieser Frage das Erforderliche gesagt ist, wollen wir noch ein paar ergänzende Bemerkungen anfügen. Sämtliche Handlungen beruhen auch auf unbewussten Vorbereitungen. Diese werden zwar längerfristig davor aus dem Bewusstsein als durchzuführend erwogen, aber dann autonom-automatisch initiiert, bevor sie dem Bewusstsein zur Entscheidung vorgelegt werden. Zumeist werden sie, da sie bewusst angestoßen waren, dann auch bewusst akzeptiert und durchgeführt. Dies erklärt solche Aussagen wie: dass das „Gehirn“ entscheiden würde, was im Bewusstsein als frei deklariert wird. Ein bereits unbewusst gestartetes Handeln kann gegebenenfalls mit einem bewussten Nein gestoppt werden.“ [5)]

Wir sehen, diese Fragen sind nicht so einfach zu klären, da die ablaufenden Prozesse viele Schleifen durchlaufen und es nicht einfach eine Verbindung zwischen Start und Ziel gibt. Um den freien Willen soll es hier aber nicht weiter gehen.

Hier dreht es sich viel mehr um die Frage, wie ich das „Jetzt“ bestimmen kann. Kann ich das überhaupt? Und ist das „Jetzt“ überhaupt ein Zeitpunkt, wenn es doch Zeit gar nicht oder nur in unserer Vorstellung gibt?

Der Mystiker Meister Eckhart spricht von einem „Immerwährenden Nun“, wie wir später noch sehen werden. Dies ist ein Ausdruck, der mir sehr gefällt. Gott ist bekanntlich in der Ewigkeit, und Gott ist Gegenwart, wie man in der Kontemplativen Schule lernt.

Was sagt die moderne Quantenphysik dazu?

Nach David Bohms Aussage wissen wir, dass sich die Quantenmechanik eigentlich immer nur um einen bestimmten, konkreten Augenblick kümmern und nur Aussagen – sogar bloß statistische Aussagen – über dieses Jetzt machen kann. Über Prozesse in der Zeit erfahren wir leider nichts.

Nach Einsteins Theorie ist die Zeit relativ und abhängig vom Beobachter, seiner Bewegung und seiner Masse; und es ist durchaus möglich, dass sich Ereignisse, die sich für einen Beobachter gleichzeitig ereignen, sich für einen anderen Beobachter zu verschiedenen Zeitpunkten abspielen. Es geht um ein Kontinuum aus Raum und Zeit.

Hier haben wir also einen Widerspruch dieser beiden bahnbrechenden Theorien: Die Relativitätstheorie geht von einem ewigen Kontinuum aus, während uns die Quantentheorie gelehrt hat, dass es nur einzelne Quanten gibt, also alles sozusagen körnig ist und nicht kontinuierlich, glatt und ohne Übergänge. Rovelli sagt dazu: „Solange wir die Quanten vernachlässigen, können wir uns die Raumzeit noch ziemlich konventionell als den Wandteppich denken, auf dem sich die Geschichte der übrigen Realität abspielt, auch wenn dieser Teppich gekrümmt ist.“ [6)]

Hier kommt nun die Entdeckung der Quantengravitation ins Spiel, als dessen Vater der amerikanische Physiker John Wheeler gilt, der noch mit Bohr zusammengearbeitet hatte, Einstein begegnet war und die Begriffe des Schwarzes Loches und der Wurmlöcher für hantelartige Brücken in der Raum-Zeit prägte.

Rovelli erklärt die Auswirkung der Quantengraviation folgendermaßen: „Angenommen, wir möchten eine unvorstellbar winzige Region im Raum beobachten. Dazu müssten wir mit irgendetwas den Punkt markieren, den wir betrachten wollen: zum Beispiel mit einem Teilchen. Nun hat allerdings Heisenberg erkannt, dass sich ein Teilchen in einem Punkt des Raumes nur für einen kurzen Augenblick lokalisieren lässt. Anschließend verschwindet es. Je länger man den Ort eines Teilchens zu lokalisieren versucht, desto größer ist die Geschwindigkeit, mit der es entweicht (Heisenbergs „Unschärferelation“). Wenn das Teilchen mit hoher Geschwindigkeit davonschießt, heißt dies, dass es viel Energie hat. Erinnern wir uns nun aber an Einsteins Theorie: Energie krümmt den Raum. Große Energie würde demnach den Raum stark krümmen. Wenn ich viel Energie auf kleinstem Raum konzentriere, krümme ich den Raum zu stark, worauf er wie ein kollabierender Stern in ein Schwarzes

Loch stürzt. Aber wenn das Teilchen in einem Schwarzen Loch verschwindet, wird es für mich unsichtbar. Dann kann ich es nicht mehr dazu nutzen, um, wie gewünscht, eine Raumregion festzulegen. Kurzum, ich scheitere zwangsläufig daran, beliebig kleine Raumregionen zu messen, weil diese bei solchen Versuchen in einem Schwarzen Loch verschwinden. Das Argument lässt sich mit etwas Mathematik präzisieren. Das Ergebnis lautet allgemein: Die Quantenmechanik und die Allgemeine Relativitätstheorie haben zusammengenommen die Konsequenz, dass die Teilbarkeit des Raumes begrenzt ist. Unterhalb eines bestimmten Maßstabs ist der Raum nicht mehr zugänglich, ja es gibt nicht einmal mehr etwas Existentes. (…) Die so definierte Länge L_P heißt „Planck-Länge". (…) In Zahlen ausgedrückt, entspricht sie ungefähr einem Millionstel eines Milliardstels eines Milliardstels eines Milliardstels eines Zentimeters (10^{-33} Zentimeter). Sie ist also winzig klein. In diesem winzigsten Maßstab manifestiert sich die Quantengravitation. In ihm verändern Raum und Zeit ihr Wesen. Sie werden zu etwas anderem, zur „Quantenraumzeit"." [7)]

Damit ist etwas Grundlegendes unserer Welt erfasst: Die Begrenztheit.

- Nach der Speziellen Relativitätstheorie wissen wir, dass es eine maximale Geschwindigkeit gibt: Die Lichtgeschwindigkeit c.
- Nach der Quantenmechanik wissen wir, dass es eine kleinste Informationseinheit gibt: Das Wirkungsquantum h.
- Und nun wissen wir seit der Theorie der Quantengravitation, dass es eine kleinste mögliche Länge gibt: Die Planck-Länge L_P.

Unsere Welt ist also sehr begrenzt und zudem aus einzelnen Quanten bestehend. Das gilt auch für das Gravitationsfeld der Raum-Zeit. Diese Gravitations-Quanten gehen natürlich miteinander in Wechselwirkung, wie es Teilchen und Felder nun einmal tun.

Dabei gilt laut Rovelli hier die wichtige Erkenntnis: „Die Gravitationsquanten entwickeln sich nicht in der Zeit, vielmehr entsteht die Zeit als Folge ihrer Wechselwirkungen. [8)] (…) Das Vergehen der Zeit ist Teil der Welt, entsteht innerhalb der Welt, aus den Beziehungen zwischen Quantenereignissen, die die Welt bilden und selbst ihre eigene Zeit generieren. [9)] (…) Die Illusion, dass wir uns in einem Raum-Zeit-Kontinuum befinden, ist nur der unscharfe Blick auf dieses dichte Gewimmel aus elementaren Prozessen.“ [10)]

Er schreibt an anderer Stelle: „Die Allgemeine Relativitätstheorie und die Quantenmechanik stehen also gar nicht so sehr in Spannung zueinander, wie es zunächst aussah. Im Gegenteil reichen sie sich bei genauerem Hinschauen die Hand und sprechen in der Tiefe miteinander. Die räumlichen Beziehungen, die das Gewebe von Einsteins gekrümmten Raum weben, sind eben jene Wechselwirkungen, welche die Beziehung zwischen den elementaren Systemen der Quantenmechanik ausmachen. Beide sind miteinander vereinbar und verbunden, zwei Seiten derselben Medaille, sobald man erkennt, dass Raum und Zeit Aspekte eines Quantenfeldes sind und dass Quantenfelder existieren können, ohne „mit beiden Beinen“ in einem äußeren Raum stehen zu müssen.“ [11)]

(Zur Erklärung der Begriffe sei hier angemerkt: „In der Quantenmechanik sind die Quantenteilchen eigenständige und unveränderliche Objekte. Im Rahmen der Quantenfeldtheorie jedoch sind die Quantenteilchen Eigenschaften des Quantenfeldes.“ [12)])

Zeit wird also erst durch die Wechselwirkung der Quanten erschaffen. Dies ist zwar an sich schon schwer zu verdauen; doch passt es meiner Ansicht nach hervorragend zu Bohms Theorie der Impliziten Ordnung. Nach ihr hat das große Ganze der Impliziten Ordnung keine Zeit an sich, sondern erst die explizit wirkenden Quanten haben mit der Zeit zu tun. Dabei haben die sich jeweils explizit entfaltenden Momente aber auch durchaus die Möglichkeit, andere zu beeinflussen, und zwar über die Implizite Ordnung (ohne Zeit) vermittelt über Raum und Zeit hinweg.

Greifen wir erneut auf das Bild des Ozeans zurück: Eine Welle entsteht und vergeht wieder im großen Ozean. Dann hat diese eine Welle, die sich gerade ereignete, Anteil am gesamten Ozean und damit auch an anderen Wellen, die ganz woanders und zu einer ganz anderen Zeit entstehen oder auch entstanden.

Erinnern wir uns nun, dass wir diesem Feld der Impliziten Ordnung durch das Explizite auch etwas hinzufügen können und somit als Beobachter und als Handelnder ganz entscheidend persönlich an der Schaffung der Realität beteiligt sind. Es stellt sich die Frage, wie wir uns zur Zeit verhalten.

Wir bewegen uns ja in der Realität gewordenen Welt, sind also der Zeit durch unseren Körper (der ja bekanntlich eine Masse hat) unterworfen. Unser „Ich" ist jedoch zeitlos und altert auch nicht.

Als ich kurz vor meinem Eintritt ins Kloster mit meinen zukünftigen Schwestern einen Termin ausmachen wollte, sagte mein damaliger geistlicher Begleiter zu mir: „Der Termin ist nicht wichtig. Die (kontemplativen) Schwestern leben in der Ewigkeit." Als ich nach vier Jahren aus dem Kloster wieder ausgetreten war, hörte ich immer wieder, wie jung ich geblieben sei – obwohl ich körperlich durchaus auch schwer an der Zeit im Kloster zu leiden gehabt hatte.

Möglicherweise war an dieser Ewigkeit im immerwährenden Gebet also etwas dran…

Meister Eckhart schreibt dazu ganz deutlich: „Der Ewigkeit Eigenheit ist, dass Sein und Jungsein in ihr eins sind, denn Ewigkeit wäre nicht ewig, wenn sie neu werden könnte und es nicht beständig wäre." (Predigt 42) [13)] „Es gibt ein oberstes Teil der Seele, das steht erhaben über die Zeit und weiß nichts von der Zeit noch vom

Leibe." (Predigt 49) [14] und „Alle Kräfte, die der Seele zugehören, altern nicht. Die Kräfte aber, die dem Leibe zugehören, die haben diese Fähigkeit nicht: sie verschleißen und nehmen ab." (Predigt 52) [15]

Ein entscheidender Schritt auf dem Weg zu dieser zeitlosen Ewigkeit ist, wie wir noch sehen werden, der Zustand des „gedankenlosen Denkens", um, wie Meister Eckhart sagt, in diesen Zustand des Nicht-Wissens, im Sinne eines „Nicht um etwas wissen", zu gelangen und damit, quantenphysikalisch gesprochen, in den Bereich des Möglichen statt des Faktischen, das Zeit schaffen würde.

Wir müssen uns also noch einmal tiefer mit der Wirkungsweise unserer Gedanken auseinandersetzen.

12

Gedanken – Was ist die Grundlage unseres Bewusstseins?

Ich muss zugeben, dass ich trotz meiner Promotion in Neurobiologie nie hinterfragt habe, was denn Gedanken eigentlich sind. Ich war irgendwie immer zufrieden mit der Vorstellung, sie als elektrische Nervenaktivität im Gehirn zu verstehen, obwohl es doch häufig einen Moment gab, in dem ich gern gewusst hätte, wie denn genau kodiert wurde, was da ständig in Form mehr oder weniger sinnvoller Gedanken durch meinen Kopf schwirrte. Nachgegangen bin ich diesem Impuls jedoch bis heute nicht.

Jeder weiß inzwischen wohl um die elektrische Aktivität, die man zum Beispiel im EEG (Elektroenzephalogramm) mit Elektroden ganz einfach und völlig schmerzfrei über die Kopfhaut abnehmen und darstellen kann. Das Gehirn ist elektrisch aktiv, und das Erregungsmuster ist im Tagesbewusstsein ein anderes als im Schlaf und dort noch einmal anders während der Traumphasen.

Wie genau entsteht diese Aktivität?

Dazu müssen wir verstehen, wie das Gehirn aufgebaut ist. Es besteht aus unzähligen Nervenzellen, Neuronen genannt, die miteinander über ihre Fortsätze, die Nervenfasern, verbunden sind und ein dichtes Netz bilden. Die Nervenzellen und die Fasern sind mit einer Membran und die Fasern oftmals noch mit einer Isolierschicht umgeben, wodurch sich die Leitfähigkeit erhöht, wie bei einem gut isolierten Stromkabel.

Die Membran ist jedoch der entscheidende Ort des Geschehens, denn sie trennt das Innere vom Äußeren der Zelle. Das klingt ganz banal, ist aber so wichtig, weil Zellinneres und -äußeres eine voneinander verschiedene Zusammensetzung von bestimmten Ionen, also geladenen Teilchen, aufweisen und die Membran nur halbdurchlässig ist, so dass kein Ausgleich durch Diffusion erfolgen kann. Das Resultat ist eine Ungleichverteilung von Ladungsträgern und damit eine elektrische Spannung.

Diese Spannung kann man messen, wenn man eine Elektrode in das Zellinnere sticht und mit einer Referenzelektrode außerhalb der Zelle verbindet. Sie ist im Ruhezustand der Zelle im Zellinneren negativ gegenüber dem umgebenden Milieu. Im EEG, bei dem man natürlich keine Elektroden ins Gehirn stecken will, misst man die Spannung, die zwischen außen und innen besteht, also genau andersherum, nämlich positiv. Durch die Fortschritte der Feldphysik wissen wir, dass durch elektrische Aktivität auch immer ein magnetisches Feld entsteht und durch Änderung eines magnetischen Feldes immer eine Änderung des elektrischen. Durch Anwendung dieser Physik, und vor allem der Quantenphysik, ist es heutzutage möglich, mittels Kernspintomographie detaillierte Aufnahmen des Gehirns zu erstellen und sogar mittels Positronen-Emissions-Tomographie die Aktivität des Gehirns bei bestimmten Aufgaben zu untersuchen.

Was aber geschieht bei Nervenaktivität?

Hier werden durch eintreffende Reize aus der Umgebung über Vermittlung durch die Sinneszellen bestimmte Kanäle in der Membran geöffnet und später wieder geschlossen, so dass sich die Durchlässigkeit der Membran kurzzeitig ändert und das Potenzial über der Membran umkehrt. Das ist dann das sogenannte Aktionspotenzial, das einen bestimmten Ablauf hat und immer gleich aussieht.

Die Nervenzellen produzieren Aktionspotenziale, die über die Nervenfasern zu anderen Nervenzellen weitergeleitet werden, wo eine Verbindung über die sogenannten Synapsen besteht, die chemische Botenstoffe ausschütten, auf welche die nachfolgende Nervenzelle reagiert. An der nachfolgenden Nervenzelle werden dann über bestimmte Abläufe wieder Aktionspotenziale ausgelöst oder im Falle einer hemmenden Verbindung auch unterbunden. Die Sprache der Nervenzellen sind also Aktionspotenziale, die immer gleich ablaufen und aussehen.

Wie kann ich damit etwas ausdrücken, zum Beispiel die Stärke eines Lichtreizes?

Indem ich ihre Häufigkeit verändere, ähnlich wie beim Morse-Alphabet. Viele Aktionspotenziale hintereinander sind das Resultat eines starken Reizes, wohingegen ein schwacher Reiz nur wenige oder einzelne Aktionspotenziale auslöst. An Nervenzellen trifft also abhängig von ihrer Verbindung zu anderen Nervenzellen ein wildes „Gemorse“ ein, welches dort verrechnet wird und an nachfolgende Zellen „weitergemorst“ wird.

Wie werden dadurch unsere Gedanken ausgedrückt?

Gehen wir einmal davon aus, dass Gedanken ein rein geistiges Konstrukt sind. Wir lernen Denken, indem wir unsere Sprache lernen, und zwar durch Feedback, indem wir erleben, dass unsere Bezeichnungen der Dinge korrekt sind und zum gewünschten Ergebnis führen. Wir lernen aus Erfahrung und können nach und nach unsere Konzepte erweitern und Dinge in die Zukunft hinein vorausdenken. Das erspart uns viel Ärger, den wir unter Umständen bei tatsächlichem Versuch und Irrtum heraufbeschwören würden. So entwickelt sich ein immer komplexeres Konstrukt, dessen wir uns bedienen können.

Es gibt die viel zitierte Analogie, dass unser Geist unser Gehirn benutzt wie eine Software die Hardware.

Thomas Görnitz hat mit seiner Frau Brigitte, einer Psychologin und Tiermedizinerin, in ihrem Buch „Von der Quantenphysik zum Bewusstsein" über den Übergang zwischen dem Gehirn und dem Bewusstsein vermittels typischer Quanteninformation geschrieben. Sie erklären jedoch einen grundsätzlichen Unterschied zu der Analogie eines Computer mit Hard- und Software, denn in der Hardware eines Computer bestehen stabile Verbindungen, was im Gegensatz dazu im Gehirn nicht der Fall ist, da hier permanent Strukturen umgebaut werden. Sie schreiben: „In diesem Sinne ist eine biologische Informationsverarbeitung niemals fertig – weder in ihrer materiellen noch in ihrer informellen Struktur, sondern sie verändert sich ständig, solange das betreffende Individuum lebt." [1)]

Sie schreiben weiter über den Unterschied zu einer technischen Verarbeitung im Computer: „Im Gegensatz zum Transport von Informationen durch die sehr leichten Elektronen in den technischen Geräten erfolgt in den Nervensystemen ein bedeutsamer Transport von Information mithilfe von wesentlich schwereren materiellen Trägern – mit den Ionen und Molekülen, die weit über tausendmal schwerer als Elektronen sind. Somit ist eine biologische Informationsverarbeitung auch mit einer ständigen Umorganisation des biologischen Materials verbunden." [2)]

Aber wie funktioniert die Übertragung eines geistigen Prinzips auf die materielle Ebene der Gehirnzellen und natürlich auch andersherum? Um das zu verstehen, müssen wir wieder in die moderne Quantenphysik eintauchen.

Wir haben gesehen, dass Nervenaktivität mit der Bildung einer bestimmten elektrischen Spannung einhergeht, so dass Ionenströme fließen können, wenn die dazugehörigen Kanäle offen sind. Dieser Stromfluss geht nun mit der Bildung eines Magnetfeldes einher. Man denke an den Elektromagneten! Es entsteht also ein elektromagnetisches Feld, und dieses Feld mit seinen Wellen bildet durch Überlagerung der Wellen von verschiedenen Stellen ein

Interferenzmuster, wie wir es schon mehrfach besprochen haben. Dieses Muster ist ganz spezifisch, je nach Aktivität der umliegenden Nervenzellen und Sinnesorgane. Ich habe also ein elektromagnetisches Feld, und wie wir erfahren haben, gelten Photonen als die Quanten dieses Feldes. Dazu müssen wir uns vielleicht bewusst machen, dass das für uns sichtbare Licht nur einen Bruchteil des elektromagnetischen Feldes ausmacht und es natürlich viele länger- oder auch kürzer-wellige Schwingungen gibt (denken Sie nur an Gamma-Strahlen, die Röntgenstrahlung, an das UV-Licht im Bereich der kürzeren Wellenlängen und an die Infrarot-Strahlung, die Wellen von Fernsehen oder Radio sowie den Telekommunikationsverkehr).

Das Gehirn liefert also eine Quanteninformation.

Hier liegt die große Überlegenheit unseres Gehirns gegenüber einem noch so leistungsstarken Computer; denn diese können immer nur Ergebnisse erbringen, die korrekt sind (hoffentlich!) – unser Gehirn jedoch kann mit Möglichkeiten experimentieren!

Dazu Görnitz: „Das Bewusstsein ist in der Lage, streng logisch zu denken – wie ein Computer. Aber natürlich denken wir oft nicht streng kausal, sondern meist lebendiger und kreativer, und wir können vergessen. Im Unbewussten werden Eigenschaften aus der Quantenwelt noch deutlicher. Beide, also das Wirken der Quanten wie auch unser Unbewusstes, sind nicht auf die klassische Logik fixiert, man denke z.B. an ein Traumgeschehen, in dem Orte, Objekte und Zeiten zusammenkommen können, die sich real ausschließen. Unser Unbewusstes lässt uns Neues hervorbringen und arbeitet mit Möglichkeiten und Ambivalenzen – so wie die Quantentheorie auch. Bewusst wird uns allerdings das Neue und Kreative erst, wenn es aus dem Unbewussten ins Bewusstsein übertritt.“ [3)]

Weiter heißt es: „Menschliches Bewusstsein ist bedeutungsvolle Quanteninformation, die „im Prinzip“ reflektiert werden kann, wobei allerdings ein Großteil des Informationsverarbeitungsprozesses und auch seines Inhaltes vorbewusst oder unbewusst bleiben. Das Bewusstsein ist der Teil des Psychischen, der von den quantischen Möglichkeiten des bewussten Denkens und Fühlens mitsamt dem emotionalen Anteil, also einem teilweise noch vorsprachlichen Bereich, bis zu unserem faktischen und sprachlich formulierten Gedanken reicht, die wie eine Form von klassischer Information behandelt werden können.“ [4)]

Dies führt die Autoren zu der Schlussfolgerung:
„Das Dahinfließen des Bewusstseins mit sich immer wieder neu herausbildenden Inhalten ist ein Prozess, in welchem sich das Bewusstsein als eine eigenständig wirksame reale Entität von Quanteninformation, also als etwas „Objekthaftes“, erweist. Andererseits kann das Bewusstsein mit seinen Inhalten als „Eigenschaft“ beziehungsweise als „Funktion“ des Gehirns und der vom Gehirn ständig ausgesendeten und absorbierten Photonen verstanden werden, die als seine tragende Informationsstruktur fungieren.“ [5)]

Der Vorteil dieser Arbeitsweise über Quanteninformation liegt auf der Hand: „Wenn in unseren Gehirnen keine quantische, sondern lediglich eine klassische Informationsverarbeitung ablaufen würde, dann würden unsere Gehirne wahrscheinlich kochen.“ [6)]

Es gibt viele ehrgeizige Forschungs-Projekte, die versuchen, das menschliche Gehirn komplett nachzubauen, um so seine Funktion zu verstehen und in Form von Künstlicher Intelligenz steuern zu können. Ein wesentlicher Anreiz dafür ist mit Sicherheit die Hoffnung, Ersatz für ausgefallende Funktionen zu schaffen und Patienten mit Prothesen zu versorgen oder Erkrankungen wie Alzheimer besser verstehen und heilen zu können. Die große Schwierigkeit solcher Projekte ist natürlich die immense Anzahl von Nervenzellen und Verknüpfungen (beim Menschen etwa 100 Mrd. Nervenzellen mit bis zu 10.000 Synapsen pro Nervenzelle), die erwähnte immense Rechenleistung, die die simulierenden Computer erbringen müssen, sowie die notwendige Kühlung.

Als ich 2008 auf einem Kongress für Lehrer der Alexander-Technik war, zu dem Vertreter der Hirnforschung eingeladen waren, staunte ich über das internationale „Blue-Brain-Projekt", das von Henry Markrams *Brain and Mind Institute* der École Polytechnique in Lausanne (Schweiz) und IBM (USA) im Mai 2005 ins Leben gerufen wurde und das Prof. Idan Segev aus Israel vorstellte. Seit 2013 ist es der Simulationsteil des „Human Brain Projects" der EU.

Segev ging tatsächlich völlig selbstverständlich davon aus, dass der komplette Nachbau des menschlichen Gehirns gelingen würde, und nannte als Zeitraum die nächsten sieben Jahre bis zum Jahr 2015. Als ein Kongressteilnehmer in der anschließenden Diskussion fragte, wie die Forscher denn Eigenschaften wie die Suche nach einem höheren Sinn, Religiosität und Sinn für Transzendenz erklären wollten, antwortete er: „Das wissen wir nicht, aber wenn unser Gehirn fertig ist, wird es die gleichen Fragen stellen."

Im Jahr 2015 erfolgte dann auch die erste Veröffentlichung, allerdings mit nur etwa einem Drittel Kubikmillimeter der Gehirnrinde einer Ratte (immerhin mit etwa 30.000 Hirnzellen und 40 Millionen Kontakten).

Ob das der richtige Weg ist?

Das Ehepaar Görnitz sieht das anscheinend auch sehr kritisch, denn sie schreiben: „Wenn Bewusstsein eine Reflexion wichtiger Aspekte des Erlebens ist, dann ist ohne Erleben kein Bewusstsein möglich. Erleben wiederum ist ohne die in der Biologie grundlegende Einheit von Hard- und Software unmöglich. Technische Geräte für eine Informationsverarbeitung, deren elektronische Hardware gerade so gebaut wird, dass sie sich im Betrieb nicht verändert, sind für solche Prozesse nicht konstruiert. Erleben und damit auch Bewusstsein ist ihnen nicht möglich.“ [7)]

Gehen wir zurück zu unserer Überlegung, das Bewusstsein und die Verbindung zum Gehirn mittels Quanteninformation zu erklären.

Wir nähern uns damit dem Erleben der Mystiker. Dabei müssen wir unsere bisherige Weltsicht infrage stellen, da wir es mit unserer Denk-Gewohnheit selbst sind, die uns den Eindruck von etwas Getrenntem vermitteln.

Görnitz und Görnitz stellen in ihrem Buch die Idee der sogenannten Protyposis vor, die auf Ideen des deutschen Physikers und Philosophen Carl Friedrich von Weizsäcker sowie auf den Gedanken von John Wheeler basiert. Diese “Protyposis” (griech.: „vorbilden“, also etwas, bevor es sich konkret herausgebildet hat) kennzeichnet laut Görnitz und Görnitz „die Grundsubstanz der Wirklichkeit, eine quantische Vor-Struktur, die sich zu einer Form, einer Struktur oder einer Bedeutung ausprägen, gestalten oder entwickeln kann”.[8)] Sie erklären auch das Bewusstsein mit dieser Protyposis und führen als ihre Einheit die sogenannten Quantenbits als Grundsubstanz unserer Gedanken an. „Unser Bewusstsein ist somit eine sich fortwährend wandelnde Einheit, aus der sich Quantenbits in einem ständigen Prozess als einzelne unterscheidbare Gedanken und Bilder herausheben, um sogleich wieder zu neuen Ganzheiten zu verschmelzen.“[9)] Damit schaffen sie die messbare Nervenaktivität natürlich nicht ab. Sie haben nur eine neue Betrachtungsebene hinzugenommen, um zu erklären, wie diese Nervenaktivität mit dem übergeordneten Bewusstseinsstrom zusammenarbeitet. „Das, was als das „Feuern“ der Nervenzelle bezeichnet wird, ist ein Umschlag von Quantenprozessen in ein faktisches Ereignis.“ [10)]

Wir wollten uns ja auch noch damit beschäftigen, ob denn unsere Gedanken wirklich essenziell für unser Bewusstsein sind. Streben wir doch sicher alle ab und zu danach, einmal innere Stille zu erleben, und sagen dann manchmal leicht erbost: „Ruhe da oben!“ Görnitz und Görnitz „interpretieren das „gedankenlose Denken“ als einen quantischen Zustand, bei dem durch den Verzicht auf Wertung und Unterscheidung in der Psyche das Entstehen von Fakten verhindert wird”. [11)] Diese Aussage passt perfekt zur Schule der Kontemplation; denn der Verzicht auf Werten, Beurteilen und Annehmen von allem, was ist, ist Grundlage des kontemplativen Gebetes. Auch das „Nicht-Wissen“, von dem Meister Eckhart als Voraussetzung für die Einheit mit Gott spricht, ist so zu verstehen, dass wir an keinen festen Annahmen oder Fakten hängen, sondern uns dem Zustand des Ewigen öffnen sollen, das nicht durch unsere Vorstellungen begrenzt werden soll.

13

Geist – Einheit oder Fragmentierung?

Erwin Schrödinger hat sich, wie viele Philosophen und Naturwissenschaftler, mit folgender Frage beschäftigt: Wenn wir davon ausgehen, dass unsere Realität, unsere Umwelt, nur durch unser Bewusstsein erzeugt wird, indem alles, was wir wahrnehmen, im Bewusstsein zusammengefasst und konstruiert wird, gibt es dann nicht verschiedene Welten, da auch verschiedene Menschen sie mit ihrem Bewusstsein wahrnehmen und erschaffen? Oder anders herum gefragt: Gibt es nicht verschiedene Bewusstseinsteile für die einzelnen Aspekte der Welt?

Er beschreibt in seinen Schriften viele Gedanken berühmter Philosophen und Wissenschaftler zu diesem Thema und führt selbst viele Gedanken an, um immer wieder auf jenes Paradoxon hinzuweisen, das diese Fragen aufwirft.

Schließlich führt er auch einige religiöse Gedanken an und schreibt, dass wir mit unserem westlichen Denken, das der Tradition gemäß sehr logisch, aber eben auch in Begriffen und damit getrennt denkend erfolgt, sehr viel von der östlichen Tradition lernen könnten, ohne dabei jedoch die uns eigene Logik aufzugeben.

In seinem Text „Die vedantische Grundansicht" schreibt er Folgendes: „...so unbegreiflich es der gemeinen Vernunft scheint: Du – und ebenso jedes andere bewusste Wesen für sich genommen – bist alles in allem. Darum ist dieses dein Leben, das du lebst, auch nicht ein Stück nur des Weltgeschehens, sondern in einem bestimmten Sinn das ganze.“ [1)]

Auf dieses Ganze kommen wir bei Meister Eckhart noch zu sprechen.

Auch David Bohm hat sich in seinem Text „Fragmentierung und Ganzheit“ intensiv mit diesem Thema auseinandergesetzt. Er macht sich viele Gedanken darüber, was uns hindert, diese Ganzheit zu erfahren, und führt an, dass vieles an der Fragmentierung unseres Geistes liegt, unserer Kategorisierung von allem in bestimmte festgelegte Begriffe, wie wir ja früher schon an unserer Sprache besprochen haben, und vor allem an unserer Gewohnheit. Unsere Art zu denken und zu handeln ist ganz maßgeblich von unserer Kultur und Tradition, die sämtliche Erfahrung bedingt, geprägt.

Bohm schreibt über die Fragmentierung: „Der Mensch verschafft sich so einen scheinbaren Beweis für die Richtigkeit seines fragmentierten Welt-Bildes, obwohl er natürlich die Tatsache übersieht, dass er es mit seinem Handeln, das auf sein Denken folgt, selbst ist, der die Fragmentierung herbeiführt, die nunmehr ein autonomes Dasein unabhängig von seinem Wollen und Wünschen zu haben scheint.“ [2)]

Man sollte in Ruhe versuchen, der Wahrheit dieser Aussage auf die Spur zu kommen, sich von ihr ergreifen zu lassen.

Weiterhin führt Bohm aus: „Es ist nämlich die Ganzheit, die real ist, dies sollte zum Ausdruck kommen, und Fragmentierung ist nur die Antwort dieses Ganzen auf das Handeln des Menschen, das sich von einer trügerischen, von zerteilendem Denken geformten Wahrnehmung leiten lässt.“ [3)]

Unser Denken hat Konsequenzen für unser Handeln. Das wussten wir ja bereits. Aber diese Konsequenzen gehen wesentlich weiter; denn was wir denken, schafft unsere Realität, und wenn wir die Welt in unseren Denkschubladen betrachten, verhält sie sich auch so – und zwar in allen Bereichen, in unserem Alltag, aber natürlich auch in der Art und Weise, wie wir Wissenschaft betreiben und dadurch den Blickwinkel unserer Gesellschaft bestimmen.

Bohm schreibt sehr drastisch von der üblichen Sichtweise in den Naturwissenschaften und den daraus folgenden Konsequenzen: „Wir gelangen so zu dem höchst merkwürdigen Ergebnis, dass in den Bereichen der Erforschung des Lebens und der Seele, in denen ja gerade das Wirken der formgebenden Ursache in der ungeteilten und bruchlosen fließenden Bewegung der Erfahrung und Beobachtung am ehesten ersichtlich ist, heute das stärkste Vertrauen in die fragmentierte atomistische Einstellung zur Realität besteht. Natürlich ist diese vorherrschende Tendenz der Naturwissenschaft, in den Begriffen eines fragmentierten Selbst-Weltbildes zu denken und wahrzunehmen, Teil einer umfassenderen Bewegung, die sich im Laufe langer Zeit entwickelt hat und heute nahezu unsere gesamte Gesellschaft durchdringt. [4)] (…) Dadurch erzeugt man das Gefühl, die Fragmentierung brächte nichts anderes zum Ausdruck, als „wie alles in Wirklichkeit ist“, und alles andere sei unmöglich. Die Bereitschaft, sich nach Beweisen für das Gegenteil umzuschauen, ist folglich sehr gering. Selbst dann, wenn solche Beweise auftauchen, wie in der modernen Physik, so besteht, (…) in der Tat die Tendenz, deren Bedeutung herunterzuspielen oder gar völlig außer Acht zu lassen.“ [5)]

Die moderne Physik erbringt ja schon lange Hinweise auf eine ganz andere Sicht auf die Welt – aber seien wir ehrlich: Ist diese Erkenntnis schon zu uns durchgedrungen? Hat sie die Gesellschaft bereits erreicht und verändert?

Bohm führt über die Konsequenzen aus: „Wie schon gesagt, können aber Menschen, die sich von solch einem fragmentierten Selbst-Weltbild leiten lassen, auf lange Sicht nicht umhin zu versuchen, durch ihr Handeln sich selbst und die Welt in Stücke zu brechen, wie es ihrer gewohnten Denkweise entspricht.“ [6)]

Er spricht über das Wesen der Fragmentierung und ihre Ursachen und kommt dann zu einem sehr drastischen Apell: „Daher ist es kein Zufall, wenn unsere fragmentierende Denkweise ein derart breites Spektrum von Krisen hervorbringt: soziale, politische, ökonomische, ökologische, psychologische usw., und dies sowohl im Einzelnen wie in der Gesellschaft im Ganzen. [7)] (…) Es ist äußerst wichtig und dringlich, diese tief greifende und überall anzutreffende Verwirrung, die sich durch unser ganzes Leben zieht, zu klären. Wozu sollen soziale, politische, ökonomische und andere Maßnahmen dienen, wenn der Verstand so wirr ist, dass er für gewöhnlich unterscheidet, was nicht verschieden ist, und zusammenbringt, was nicht zusammengehört? Ein solches Handeln wird bestenfalls unnütz und schlimmstenfalls zerstörerisch sein. Ebenso wenig wäre es sinnvoll, wollte man versuchen, unserem Selbst-Weltbild irgendein starres oder vereinheitlichendes „ganzheitliches“ Prinzip überzustülpen, denn ein starres Selbst-Weltbild jeder Art würde, wie zuvor gezeigt, implizieren, dass wir unsere Theorien nicht mehr als Ansichten oder Anschauungsweisen behandeln, sondern vielmehr als „absolut wahres Wissen des wirklichen Sachverhalts“. [8)]

Und dann weist Bohm auf einen sehr wichtigen Punkt hin!

„Wir müssen also auf der Hut sein und den Umstand sorgfältig beachten, dass unsere Theorien keine „Beschreibungen der Realität, wie sie ist“, sind, sondern vielmehr laufend wechselnde Ansichten, die auf eine implizite und in ihrer Gesamtheit nicht beschreibbare oder bestimmbare Realität hinweisen.“ [9)]

Bohm lässt seinen Leser aber zum Glück nicht in diesem beunruhigenden Zustand, der entstehen mag, wenn man sich seine Worte zu Herzen nimmt, sondern gibt sogleich ein Rezept mit auf den Weg: „Was also dem Menschen nottut, ist Aufmerksamkeit gegenüber seinem gewohnheitsmäßig fragmentierten Denken, sich dessen bewusst zu sein und es dadurch zu beenden. [10)] (…) Ausschlaggebend dafür ist jedoch, dass sich der Mensch den Vorgang seines Denkens als solchen bewusst macht, das heißt, als eine Ansicht, eine Anschauungsweise und nicht als ein wahres Abbild der Realität, wie sie ist." [11)]

Hier stößt der Mensch jedoch auf große Schwierigkeiten, da ja gerade dieses Bewusstmachen auch wieder ein Vorgang des Denkens ist. Bohm weist daher darauf hin: „Wenn wir also herauszufinden versuchen, was wir gegen die Fragmentierung unternehmen sollen, so werden wir eben dabei mit dieser Angewohnheit fortfahren, was darauf hinausläuft, dass wir noch weitere Formen der Fragmentierung schaffen. Dies heißt freilich nicht unbedingt, dass es überhaupt keinen Ausweg gibt, aber es heißt, dass wir zunächst innehalten müssen, damit wir nicht mit unseren gewohnten fragmentierten Denkweisen weitermachen, während wir Lösungen suchen, die schnell zur Hand sind." [12)]

Dieser Abschnitt ist bemerkenswert und wird uns später weiter begleiten. F.M. Alexander hat lange vor Bohm an sich selbst beobachtet und experimentiert, wie man bei einer Änderung einer Gewohnheit vorgehen kann; und Innehalten ist einer seiner Schlüssel. Alexander kam – damals revolutionär – zur Beschreibung des Menschen als psycho-physische Einheit und zu Anweisungen, wie der Mensch es erreichen kann, sein Denken und sein dadurch bestimmtes Tun in seinem Körper zu verändern.

Bohm schreibt über Inhalt und Prozess: „Eine Hauptquelle der Fragmentierung ist nämlich die allgemein akzeptierte Voraussetzung, der zufolge der Vorgang des Denkens hinreichend getrennt und unabhängig von seinem Inhalt abläuft, sodass im Großen und Ganzen Raum bleibt für ein klares, geordnetes, rationales Denken, das diesen Inhalt zu Recht als korrekt, inkorrekt, rational, irrational, fragmentiert oder ganzheitlich usw. beurteilen kann. Tatsächlich besteht aber (…) die einem Selbst-Weltbild innewohnende Fragmentierung nicht nur im Gedankeninhalt, sondern in der ganzen Vorgehensweise desjenigen, der sich Gedanken macht, und damit ebenso sehr im Vollzug des Denkens wie in seinem Inhalt. In Wirklichkeit sind Inhalt und Prozess nicht zwei getrennt voneinander existierende Dinge, sondern sie sind vielmehr zwei Aspekte, von denen aus man eine einzige ganze Bewegung betrachten kann. Daher müssen der fragmentierte Inhalt und der fragmentierte Prozess gemeinsam zu einem Ende kommen.“ [13)]

Für diesen Weg ist das berühmte *rechte Maß* ganz entscheidend, und es ist sicher kein Zufall, dass sich dieses Maß durch alle geistigen Traditionen zieht, sich in der Kunst, in der Musik und in allem wiederfindet, das wir als harmonisch empfinden.

Bohm fasst seine Gedanken zusammen: „Dies allein kann der Mensch tun: Seine ganze Aufmerksamkeit und seine schöpferischen Energien aufbringen, um auf dem gesamten Feld des Messens Klarheit und Ordnung zu schaffen. Dies erfordert freilich nicht nur ein äußeres Messen mittels äußerlicher Maßeinheiten, sondern auch eine innere Maßgerechtigkeit etwa in Form von körperlicher Gesundheit, maßvollem Handeln und Meditation, wodurch man Einblick in die Angemessenheit des Denkens erlangt. Diese ist besonders wichtig, denn wir haben gesehen, dass die Illusion, das Selbst und die Welt seien in Stücke zerbrochen, aus einer Denkhaltung erwächst, die sich an ihrem rechten Maß vergeht und ihr eigenes Produkt mit der gleichartig unabhängigen Realität verwechselt. Um diese Illusion zu beenden, bedarf es der Einsicht, und zwar nicht nur in die Welt im Ganzen, sondern auch darin, wie das Werkzeug unseres Denkens arbeitet. Eine solche Einsicht beinhaltet ein ursprüngliches und schöpferisches Wahrnehmen des Lebens in all seinen Aspekten, geistigen und körperlichen, sowohl durch die Sinne wie durch den Verstand, und vielleicht ist dies der wahre Sinn von Meditation.“ [14)]

Diesen Text sollte man vielleicht mehrfach lesen, um seinen reichen Inhalt wirklich zu erfassen. Er zeigt uns nämlich unser tägliches Dilemma auf, dessen wir uns meistens nicht einmal bewusst sind, das uns aber an einem erfüllten Leben hindert.

Doch dieses Dilemma ist nicht ohne Ausweg, und schon viele Menschen haben diesen Ausweg gefunden und hinterlassen, wie auch wir ihn finden und gehen können. Zum einen ist dieser Weg in der Meditation zu erreichen, wie Bohm sie anspricht; und auch Schrödinger und Dürr erwähnen immer wieder, dass die östliche Welt mit ihren Weisheiten dem Westen voraus ist.

Doch es gibt auch im Westen diese Schätze, und im Folgenden soll vor allem der Mystiker Meister Eckhart als Lehr- und Lebensmeister zu Wort kommen, denn er hat in seinen „Reden der Unterweisung“, dem „Buch der göttlichen Tröstungen“ und in seinen zahlreichen überlieferten Predigten einen reichen Schatz an geistigen Anweisungen hinterlassen.

Bei der Meditation und bei spirituellen Übungen geht es um das Einüben und Hineinfinden in das Einheitserlebnis mit Gott und der ganzen Welt. Inzwischen gibt es mehrere Studien, die untersucht haben, was während einer Meditation im Gehirn passiert.

Neben der Betrachtung der Wellenlängen im Gehirn ist es auch wichtig zu bemerken, dass bei der Meditation die Aktivität im Scheitellappen stark zurückgeht.

Warum ist das bedeutsam?

Hier kommen alle Informationen des Körpers zusammen, über alle Gliedmaßen, die Gelenkstellung und so weiter. Wenn diese nun nicht mehr aktiv verarbeitet werden, nehmen wir unseren Körper nicht mehr in allen Einzelteilen wahr, sondern erfahren uns als reinen Geist.

Ulrich Warnke schreibt: „Der masselose Raum unseres Körpers geht fließend über in den identischen Raum der umgebenden Luft, weiter in die Atmosphäre der Erde und schließlich in den Kosmos bis in die Unendlichkeit des Universums. Alles zusammen bildet das erwähnte Hintergrundfeld. Dieses Feld ist also innerhalb meines Körpers in jedem Atom (zwischen Atomkern und Elektronen), und es ist auch zwischen den Atomen, also zwischen den Elektronen, die Moleküle aufbauen. Dieses Feld ist vollkommen identisch mit dem Feld, das das Universum durchzieht. Das Hintergrundfeld ist unendlich und ewig.“ [15)]

Wir werden bei den Texten von Meister Eckhart noch feststellen, dass wir in diesem ewigen Feld alle mit allem und unmittelbar – ohne Zeit – in Verbindung stehen.

Um das zu verstehen, ist es natürlich der beste Weg, sich selbst auf den geistigen Pfad zu begeben und diese Erfahrung zu machen.

14

Lebendigkeit – Ist mein Leben eigentlich lebendig oder kann es lebendiger werden?

Erinnern Sie sich bitte zurück an das, was Dürr über das umgekehrte Pendel sagte: Es verharrt einen Moment in einem Schwebezustand, sozusagen auf der Spitze, bevor es sich entscheidet, rechts- oder linksherum wieder herunter zu schwingen. Genau dieser Moment ist der kreativste, wo alles möglich ist, wo das Pendel seine größte Freiheit hat. Wenn es einmal eine Richtung eingeschlagen hat, ist es sehr schwer, diese wieder zu verändern. Nach Dürr geht es bei der Frage nach mehr Lebendigkeit in unserem Leben also darum, wie wir diese Zustände von Instabilität stabilisieren können, damit sie vorherrschend wirksam sein und somit zu mehr Lebendigkeit und Kreativität führen können.

Die Technik, die Frederik Matthias Alexander für den Gebrauch des eigenen Körpers entwickelte, spielt genau mit dieser Instabilität, also Freiheit, um optimal mit dem Körper umzugehen und lebendig und gesund zu sein.

Wieso ist diese Instabilität für den Körper optimal?

Weil er als lebendiges Wesen so gebaut ist, dass er möglichst viele Freiheitsgrade abdecken kann. Wir können uns bewegen, weil unser Körper aus verschiedenen Teilen besteht, die über Gelenke verbunden sind, die wiederum von Muskulatur überspannt sind. So ist das Kniegelenk das Gelenk zwischen Ober- und Unterschenkel (bestehend aus den Knochen Schienbein und Wadenbein), und verschiedene Muskeln setzen jeweils an beiden Knochen an, um das Knie zu beugen oder zu strecken.

Sie können nun gern einmal folgendes Experiment machen: Lesen Sie dabei bitte jeweils nur einen Abschnitt, machen und bewerten die Übung und gehen erst dann zum nächsten Abschnitt mit der nächsten Instruktion über:

1) Gehen sie einmal tief in die Hocke und beugen Sie dabei die Knie (und natürlich auch das Hüft- und Sprunggelenk – ohne diese würde die Bewegung nämlich nicht gehen).
   Kommen Sie nun wieder nach oben und bewerten Sie auf einer Skala von 1-10, wie schwer Ihnen das fiel (1 = ganz leicht, 10 = ich schaffe es nicht).

1	2	3	4	5	6	7	8	9	10

2) Nun wiederholen Sie bitte die Kniebeuge und heben dabei Ihre Arme gestreckt nach oben. Beim Wiederhochkommen senken Sie die Arme bitte wieder. Bewerten Sie erneut die Aufgabe (und bewerten Sie dabei bitte nicht die Koordination von Armen und Beinen).

1	2	3	4	5	6	7	8	9	10

3) Führen Sie nun die Kniebeuge aus und denken Sie dabei nach oben. Beim anschließenden Strecken der Beine denken Sie bitte nach unten. Bewerten Sie bitte wieder den Schwierigkeitsgrad.

1	2	3	4	5	6	7	8	9	10

4) Führen Sie nun die ganze Bewegung (hoch und runter) bitte so aus, dass Sie in jedem Moment wieder umkehren könnten. Bei der Kniebeuge soll es also jederzeit möglich sein, die Knie doch wieder zu strecken, und beim Hochkommen soll es jederzeit wieder nach unten gehen können. Bewerten Sie bitte wieder den Schwierigkeitsgrad.

1	2	3	4	5	6	7	8	9	10

Vielleicht haben Sie festgestellt, dass die Schwierigkeit der Aufgabe sich mit der Instruktion verändert, also damit, was Sie sich während der Übung für Anweisungen gegeben haben, also gedacht haben. Vielleicht haben Sie während Aufgabe 2 bereits bemerkt, dass die Kniebeuge leichter zu meistern ist, wenn man gleichzeitig – durch das Heben der Arme – die Richtung nach oben mit hineinnimmt, so dass man nicht mehr so schwer nach unten sackt. Wenn Sie es ganz gut ausgeführt haben, haben Sie bemerkt, dass ein schlichtes Nach-oben-Denken dazu bereits ausreicht und es durchaus möglich ist, die Bewegung ganz frei und jederzeit umkehrbar auszuführen, um sich somit den größten Handlungsspielraum zu erhalten.

Genau in diesem Handlungsspielraum, durch diese Resilienz, ist man nicht festgelegt von einem einmal eingeschlagenen Weg oder einem Ziel, sondern kann sich variabel auf seine Umwelt einstellen. Genau so ist unser System gebaut.

Leider machen wir nur sehr selten Gebrauch davon und haben uns häufig durch schlechte Angewohnheiten etwas anderes angewöhnt, was natürlich Auswirkungen auf die Gesundheit hat.

So ging es auch Alexander, der seine Technik im Selbststudium seiner Handlungen entwickelte, als ihm seine Ärzte nicht helfen konnten. Am Ende des 19. Jahrhunderts war nämlich noch völlig unbekannt, wie man selbst negativ oder positiv auf seine Gesundheit einwirken kann.

Der berühmte Verhaltensbiologe Prof. Nikolaas Tinbergen würdigte Alexander in seiner Nobelpreisrede von 1974 mit den Worten, dass „ein Mann ohne medizinische Ausbildung eine der wahrhaft großartigen Beschreibungen von medizinischer Forschung und Praxis“ gibt.

Alexander beschreibt seinen eigenen Weg in seinem Buch „Der Gebrauch des Selbst“ und schildert eindrücklich, wie entsetzt er war, als er entdeckte, wie er mit sich umging: „Der Gedanke an die wunderbaren Kräfte des Menschen war mir eine Quelle der Inspiration gewesen, seit ich zum ersten Mal auf Shakespeares großartiges Wortbild gestoßen war: Welch ein Meisterwerk ist der Mensch! Wie edel durch Vernunft! Wie unbegrenzt an Fähigkeiten! In Gestalt und Bewegung wie bedeutend und wunderwürdig! Im Handeln wie ähnlich einem Engel! Im Begreifen wie ähnlich einem Gott! Die Zierde der Welt! Das Vorbild der Lebendigen! (Hamlet II,2).

Diese Worte schienen nun doch im Widerspruch zu dem zu stehen, was ich an mir selbst und anderen entdeckt hatte. Denn was könnte weniger „edel durch Vernunft“, weniger „unbegrenzt an Fähigkeiten“ sein als der Mensch, der seinen Möglichkeiten zum Trotz im Gebrauch seiner Selbst so schwere Fehler begeht und damit seine normalen Funktionsmechanismen so sehr beeinträchtigt, dass er mit allem, was er in Angriff nimmt, diese schädlichen Voraussetzungen fortwährend verschlimmert.“ [1)]

Also suchte und fand er einen Weg, sich in einem guten Gebrauch von Körper und Geist zu schulen, und unterrichtete fortan auch andere darin. Sein Unterricht bestand im Wesentlichen aus einem Umlernen oder Verlernen von Angewohnheiten, die im Widerspruch zu einem guten Gebrauch stehen. Er betonte dabei, dass es keine sogenannten schlechten Angewohnheiten gibt, sondern dass eine Angewohnheit eigentlich einmal eine Lösung war, die unter den bestehenden Bedingungen die beste war, die aber später zum Problem wurde. Die meisten Dinge tun wir aus einem bestimmten Grund, und wenn man einmal dahintergekommen ist, dass man etwas so oder so tut und wie und warum, kann man auch bewusst etwas daran ändern.

Aber sind wir einmal ehrlich: Vieles gewöhnen wir uns einfach an, ohne uns dessen bewusst zu sein.

Erich Fromm schreibt dazu in seinem Buch „Die Kunst des Liebens“: „Ein gutes Gespür für geistige Prozesse ist selten, da die meisten Menschen nie jemanden kennen gelernt haben, der optimal funktioniert. Sie nehmen die Art, wie ihre Eltern und Verwandten oder die gesellschaftliche Gruppe, in die sie hineingeboren wurden, seelisch funktionieren für die Norm, und solange sie selbst nicht davon abweichen, haben sie das Gefühl, normal zu sein, und haben kein Interesse daran zu beobachten. So gibt es viele, die noch nie einen liebenden Menschen oder einen Menschen gesehen haben, der Integrität, Mut oder Konzentrationsfähigkeit besitzt. Es liegt auf der Hand, dass man, um für sich selbst ein Gespür dafür zu bekommen, eine Vorstellung davon haben muss, was unter dem vollkommen gesunden Funktionieren eines Menschen zu verstehen ist – und wie soll man zu dieser Erfahrung gelangen, wenn man sie in der Kindheit oder im späteren Leben nie gemacht hat? Diese Frage ist gewiss nicht einfach zu beantworten, aber sie weist auf einen sehr kritischen Punkt in unserem Erziehungssystem hin.“ [2)]

Auch auf der körperlichen Ebene gewöhnen sich unsere Sinne an diesen Status quo. Wenn wir nun etwas ändern wollen oder vielleicht einmal „aus Versehen“ von diesem gewohnten Plan abweichen, kommt uns das unvertraut, also falsch vor, und wir tun schnell wieder das, was sich richtig anfühlt, bleiben also im guten alten vertrauten Reaktionsschema. Diese unzuverlässige Sinneswahrnehmung hält uns gewissermaßen in unserer alten Gewohnheit gefangen.

Versuchen Sie einmal, etwas Neues zu tun, das Sie richtig machen wollen, wenn es sich doch falsch anfühlt. Viel Glück dabei!

Alexander war an diesem Punkt auch lange gestrauchelt. Er schreibt: „Tatsächlich hatte ich mich der weit verbreiteten Täuschung hingegeben und geglaubt, der Mensch sei im Stande, bei Tätigkeiten, die seiner Gewohnheit zuwiderlaufen und unvertraute Sinneserfahrungen mit sich bringen, das zu tun, „was er wirklich will", nur weil ihm dies bei Tätigkeiten gelingt, die er gewohnt ist und deren Sinneserfahrungen ihm vertraut sind."

Als er versuchte, bei einer so simplen Tätigkeit wie sich auf einen Stuhl zu setzen, seine Gewohnheit zu ändern, machte er folgende Erfahrung: „Obwohl ich dies auf Grundlage des Wissens tat, über das ich verfügte oder zu verfügen glaubte, und obwohl ich meine Selbstdisziplin und geistige Hingabe einsetzte, die ich mir im Verlaufe dieser Studien angeeignet hatte, erlitt ich die größte intellektuelle Demütigung meines Lebens. Denn herauszufinden, dass man nicht einmal im Stande ist, die einfachsten Anweisungen (…) für den simplen Akt des Sich-Hinsetzens zu befolgen, obwohl man die ganze geistige Kapazität, derer man fähig ist und auf die man stolz ist, dazu aufwendet, ist eine Erfahrung, die dem eigenen Selbstwertgefühl nicht eben zuträglich ist." [3)]

Durch eine Umschulung unserer Gewohnheiten ist es aber möglich, wieder zu einem natürlichen, optimalen Gebrauch unseres Selbst zu gelangen. Dabei ist entscheidend, dass wir statt einer instinktiven Steuerung nun bewusst selbst Herr im eigenen Haus sind und in jedem Moment die Wahl haben, ob und wie wir in einer Situation reagieren.

Dafür ist es nötig, dass wir erst einmal unsere gewohnte Reaktion kennenlernen und stoppen sowie uns Raum geben für eine neue Entscheidung. Neurologisch gesehen, hemmen wir unsere gewohnheitsmäßige Muskelaktivität und werden mehr und mehr in die Lage versetzt, neue Bahnen zu benutzen. Dieses ist ein schlichtes Innehalten, das nicht einmal lange dauern muss, sondern uns die Chance gibt, neu zu entscheiden, welchen Weg wir einschlagen wollen.

Wir können keinen neuen Weg beschreiten, wenn wir immer noch auf dem alten unterwegs sind.

Alexander kam während seiner Experimente ebenfalls an diese Stelle und erkannte: „Dies war mein erster Versuch, „Vermeiden“ und „Tun“ in ein und derselben Tätigkeit zu kombinieren, wobei ich keinen Moment daran zweifelte, dass mir dies auch gelingen würde.“ [4)]

Er erkannte schließlich die Absurdität dieser Vorstellung und daraufhin die Notwendigkeit des Innehaltens. Es geht meistens darum, zu viel Muskelspannung oder innere Anstrengung, die sich natürlich auch nach außen auswirkt, loszulassen, obwohl es natürlich auch Menschen gibt, die im umgekehrten Fall etwas mehr an Aktivierung benötigen.

Obwohl wir „Loslassen“ nicht machen können – es ist ja eben ein Lassen –, ist dies doch die größte Aktivität, die von uns gefordert ist: Immer wieder zustimmen und vertrauen und davon Abstand nehmen, den eigenen Vorstellungen und Gewohnheiten zu folgen.

Meister Eckhart schildert einen sehr ähnlichen Weg für die Seele auf ihrem Weg zur Seligkeit bei Gott. Achten Sie bitte auch auf die Wortwahl, die auf die körperliche Reaktion bezogen ist. „Hierzu aber ist nicht zu kommen mit Stürmigkeit, wobei sich der Mensch in großer Hartnäckigkeit darauf versteift, dies oder jenes zu tun oder zu lassen, sondern nur mit Sanftmut in treuer Demut und Selbstverleugnung gegenüber diesem wie bei allem, was da anfällt.

Nicht also, dass der Mensch sich in den Kopf setze: Dies willst du durchaus tun, was es auch koste! Das ist falsch, denn darin behauptet er sein Selbst.“ (Predigt 48)[5)]

Auf diesem Weg gehen wir indirekt vor und kümmern uns nicht direkt um das Ziel, das wir erreichen wollen, sondern primär um die Mittel zur Erreichung dieses Ziels. Immer wieder beobachten und analysieren wir, ob die ausgewählten Mittel gut gewählt waren, und entscheiden gegebenenfalls neu. Diesen neuen Plan geben wir in Form von Anweisungen an unser Muskelkostüm weiter, das dem Folge leisten wird. Die Muskulatur führt immer nur die Anweisungen unseres Nervensystems, also unseren bewussten oder unbewussten Plan, aus und unterscheidet nicht, ob dieser Plan nun sinnvoll war oder nicht.

So macht es einen großen Unterschied, wenn wir mehr und mehr in der Lage sind, selbst zu entscheiden, welchen Plan wir benutzen wollen.

Unterwegs wird uns das Terrain sehr ungewohnt und fremd vorkommen. Doch ist hier Vertrauen in den Plan gefragt, den wir ja eingehend überlegt und für gut befunden haben; denn zurück zum sicheren Boden des Vertrauten würde zwangsläufig wieder zum alten Muster führen, das sich ja vertraut und daher richtig anfühlt. Hier ist es hilfreich, den Lehrer an der Seite zu haben, der einem mitteilt, wann man, ohne es zu bemerken, wieder in das alte Muster gefallen ist, der einem neue Wege aufzeigt, ständig motiviert und immer wieder zusichert, dass der neue Weg möglich ist.

Dann kann man die Erfahrung von mehr Lebendigkeit und Freiheit machen.

15

Gelassenheit – Wie erlange ich alles, indem ich alles lasse?

Die meisten Menschen wünschen sich wohl mehr Gelassenheit und meinen damit vermutlich einen weniger stressigen Umgang mit sich und anderen. Dass es aber dabei auch um einen körperlichen Aspekt geht, ist vielleicht nicht mehr so vielen klar, obwohl bestimmt jeder über Verspannungen klagt. Den wenigsten dürfte bewusst sein, dass es das Wort Gelassenheit noch gar nicht so lange gibt und es erst durch Meister Eckhart Eingang in die deutsche Sprache fand.

Was meinte Eckhart damit? Er meinte damit ein Lassen aller Dinge und vor allem ein Lassen seiner selbst, also seines Egos. In seinen „Reden der Unterweisung", die er gegen Ende des 13. Jahrhunderts als Prior im Erfurter Dominikanerkonvent hielt, ist Folgendes überliefert: „Nicht das ist schuld, dass dich die Weise oder Dinge hindern: du bist es (vielmehr) selbst in den Dingen, was dich hindert, denn du verhältst dich verkehrt zu den Dingen. Darum fang zuerst bei dir selbst an und lass dich! (...) Richte dein Augenmerk auf dich selbst, und wo du dich findest, da lass von dir ab; das ist das Allerbeste." (R. d. U. 3) [1)]

Noch radikaler sagte er in einer seiner Predigten, die später als „Predigt 5" gezählt wurde: „Wir sind die Ursache aller unserer Hindernisse." [2)]

An anderer Stelle ergänzt er treffend: „Gott ist allzeit bereit, wir aber sind sehr unbereit; Gott ist uns nahe, wir aber sind ihm fern; Gott ist drinnen, wir aber sind draußen; Gott ist (in uns) daheim, wir aber sind in der Fremde." (Predigt 36) [3)]

Er geht davon aus, dass unser Umgang mit den Dingen – und vor allem mit uns selbst – uns hindert, wirklich frei zu sein und ein Leben in Fülle zu haben. Dabei legt er als Mitglied eines Bettelordens den Wert vor allem auf die geistige Armut und nicht auf die materielle. Er schreibt: „Wir sollen vielmehr alle Dinge (nur so) haben, als ob sie uns geliehen seien und nicht gegeben, ohne jeden Eigenbesitz, es sei Leib oder Seele, Sinne, Kräfte, äußeres Gut oder Ehre, Freunde, Verwandte, Haus, Hof und alle Dinge. (…) Denn je ungebundener (der Besitz), umso eigener, wie der edle Paulus sagt: „Wir sollen haben, als ob wie nicht hätten, und doch alle Dinge besitzen" (2 Kor. 6,10)." (R. d. U. 23) [4)]

An anderer Stelle beschreibt er den Umgang mit allen Dingen so: „…dass ich so frei von Ich-Bindung an sie wäre, dass ich ihrer keines im Tun noch im Lassen, mit Vor noch mit Nach als mir zu eigen ergriffen hätte, dass ich vielmehr in diesem gegenwärtigen Nun frei und ledig stünde für den lieben Willen Gottes und ihn zu erfüllen ohne Unterlass (…)." (Predigt 2) [5)]

Oft machen wir ja die Erfahrung, dass uns die Dinge sehr in Beschlag nehmen oder wir uns Sorgen machen. Wir sollen jedoch laut Meister Eckhart nur „bei den Dingen und nicht in den Dingen" stehen (Predigt 28) [6)].

Dieses Lassen aller Dinge treibt er bis auf die Spitze, indem er sagt: „Es ist eine Blindheit und eine Torheit, solange du irgendwie auf das schaust, was du gelassen hast. Hast du (aber) dich selbst gelassen, so hast du (wirklich) gelassen." (Predigt 31) [7)]
Und schließlich: „Das Höchste und Äußerste, was der Mensch

lassen kann, das ist, dass er Gott um Gottes Willen lasse. (…) Nun ließ (…) [er] Gott um Gottes willen; er ließ alles, was er von Gott nehmen konnte, und ließ alles, was Gott ihm geben konnte, und alles, was er von Gott empfangen konnte. Als er dies ließ, da ließ er Gott um Gottes willen, und da blieb ihm Gott, so wie Gott in sich selbst seiend ist, nicht in der Weise seines Empfangen- oder Gewonnenwerdens, sondern in der Seinsheit, die Gott in sich selbst ist." (Predigt 13) [8)]

Es geht ihm also um die innere Einstellung zu allem; sich an nichts festzuklammern und sich von nichts beherrschen zu lassen: Nicht vom Besitz oder der Angst vor dem Verlust desselben, nicht vom Stolz oder Ansehen oder der Angst vor dem Verlust derselben, nicht von Wissen oder Fähigkeiten, nicht von der Gesundheit oder Krankheit oder was sonst noch zu nennen wäre.

Am treffendsten drückt er meiner Meinung nach diese Gelassenheit in seiner Predigt 32 aus, die allerdings auch eine seiner radikalsten Predigten ist und mit den Worten schließt: „Wer diese Rede nicht versteht, der bekümmere sein Herz nicht damit. Denn solange der Mensch dieser Wahrheit nicht gleicht, solange wird er diese Rede nicht verstehen." [9)]

Er sagt in dieser Predigt: „Das ist ein armer Mensch, der nichts will und nichts weiß und nichts hat." [10)]

Schauen wir uns näher an, was er im Detail sagt, und betrachten die Satzteile einzeln, so wie Eckart es auch tat: Fangen wir mit dem „nichts will" an:

„Wenn einer mich nun fragte, was denn aber das sei: ein armer Mensch, der nichts will, so antworte ich darauf und sage so: Solange der Mensch dies noch an sich hat, dass es sein Wille ist, den allerliebsten Willen Gottes erfüllen zu wollen, so hat ein solcher Mensch nicht die Armut, von der wir sprechen wollen. [11)] (…) Als ich (noch) in meiner ersten Ursache stand, da hatte ich keinen Gott, und da war ich Ursache meiner selbst. Ich wollte nichts, ich begehrte nichts, denn ich war ein lediges Sein und ein Erkenner meiner selbst im Genuss der Wahrheit. Da wollte ich mich selbst und wollte nichts sonst; was ich wollte, das war ich, und was ich war, das wollte ich, und hier stand ich Gottes und aller Dinge ledig. Als ich aber aus freiem Willensentschluss ausging und mein geschaffenes Sein empfing, da hatte ich einen Gott; denn ehe die Kreaturen waren, war Gott (noch) nicht „Gott“: er war vielmehr, was er war. Als die Kreaturen wurden und sie ihr geschaffenes Sein empfingen, da war Gott nicht in sich selber Gott, sondern in den Kreaturen war er Gott. [12] (…) Darum bitten wir Gott, dass wir „Gottes“ ledig werden und dass wir die Wahrheit dort erfassen und ewiglich genießen, wo die obersten Engel und die Fliege und die Seele gleich sind, dort, wo ich stand und wollte, was ich war, und war, was ich wollte.“ (Predigt 32) [13]

Im Weiteren sagt Eckhart, dass wir über Gottes Wirken in uns auch „nichts wissen“ sollen: „Er muss vielmehr so ledig sein allen Wissens, dass er nicht wisse, noch erkenne, noch empfinde, dass Gott in ihm lebt, mehr noch: er soll ledig sein allen Erkennens, das in ihm lebt. Denn als der Mensch (noch) im ewigen Wesen Gottes stand, da lebte in ihm nichts anderes; was da lebte, das war er selber. So denn sagen wir, dass der Mensch ledig sein soll seines eigenen Wissens, wie er’s tat, als er (noch) nicht war, und er lasse Gott wirken, was er wolle, und der Mensch stehe ledig.“ (Predigt 32) [14]

Meister Eckhart spricht oft über ein solches Unwissen und meint hierbei natürlich keine Unwissenheit im Sinne von Dummheit. Es geht ihm hierbei vor allem um das Ablassen vom eigenen Wissen. Er sagt: „Man muss hier (ja) in ein überformtes Wissen kommen, und zudem darf dieses Unwissen nicht aus Unwissen kommen, sondern: aus Wissen muss man in ein Unwissen kommen. Dann werden wir wissend werden mit dem göttlichen Wissen, und dann wird unser Unwissen mit dem übernatürlichen Wissen geadelt und geziert werden.“ (Predigt 58) [15)]

Doch zurück zur geistigen Armut: Hier spricht Eckhart darüber, dass der wirklich arme Mensch „nichts hat“ und meint damit: „... wenn der Mensch so ledig Gottes und aller seiner Werke steht, dass Gott, dafern er in der Seele wirken wolle, jeweils selbst die Stätte sei, darin er wirken will, und dies täte er (gewiss) gern. Denn fände Gott den Menschen so arm, so wirkt Gott sein eigenes Werk und der Mensch erleidet Gott so in sich, und Gott ist eine eigene Stätte seiner Werke; der Mensch (aber) ist ein reiner Gott-Erleider in seinen (=Gottes) Werken angesichts der Tatsache, dass Gott einer ist, der in sich selbst wirkt. Allhier in dieser Armut erlangt der Mensch das ewige Sein (wieder), das er gewesen ist und das er jetzt ist und das er ewiglich bleiben wird.“ (Predigt 32) [16)]

Nachdem Sie diesen Abschnitt gelesen haben, könnten Sie einmal überlegen, ob und was es für Dinge in ihrem Leben gibt, die Sie mit Beschlag belegen und mehr Macht in ihrem Leben haben, als Ihnen vielleicht lieb ist.

Diese besondere Armut im Geiste ist eine Einstellung, die für eine gesunde Körperkoordination unbedingt erforderlich ist.

Wie bereits angedeutet, sind der Körper und der Geist als psychophysische Einheit sehr gut organisiert, und wir stören ihn andauernd mit unseren Einmischungen, die aus unserem Eigenwillen und unseren Erfahrungen geprägt sowie in den tiefen Strukturen unseres Gehirns abgespeichert sind. Wir können uns davon aber mit einer bewussten inneren Haltung freimachen und diese eingefahrenen Bahnen wieder verlernen. Dazu gehört vor allem ein tiefes Vertrauen, in dem wir uns nicht mehr um die direkten Ziele kümmern sollen, sondern eben um die Anbindung an eine innere Haltung und die Wahl, sich immer wieder davon leiten zu lassen, dass wir an das eigentliche Sein angeknüpft sind.

Meister Eckhart schreibt dazu: „Die Leute brauchten nicht so viel nachzudenken, was sie tun sollten; sie sollten vielmehr bedenken, was sie wären. (…) Nicht gedenke man, Heiligkeit zu gründen auf ein Tun; man soll Heiligkeit vielmehr gründen auf ein Sein, denn die Werke heiligen nicht uns, sondern wir sollen die Werke heiligen.“ (R. d. U. 4) [17)]

Wir hatten dargelegt, dass es Alexander ganz wichtig war, sich nicht unterwegs durch Überprüfung der Körperwahrnehmung rückversichern zu wollen, da uns dieser Weg in die Irre führt, solange sich der Körper und auch der Geist an einen guten Gebrauch noch nicht gewöhnt haben. Mit Meister Eckhart könnten wir hier sagen: „Du solltest dich Gott mit allem ganz ergeben, und dann kümmere dich nicht darum, was er mit dem Seinigen tue.“ (R. d. U. 11) [18)]

Über diesen Weg hat Meister Eckhart ausgiebig gesprochen; und wer könnte diesen Weg besser beschreiben als er?

„Denn wer recht daran sein soll, bei dem muss je von zwei Dingen eines geschehen: entweder muss er Gott in den Werken zu ergreifen und zu halten lernen, oder er muss alle Werke lassen. Da nun aber der Mensch in diesem Leben nicht ohne Tätigkeit sein kann, die nun einmal zum Menschsein gehört und deren es vielerlei gibt, darum lerne der Mensch, seinen Gott in allen Dingen zu haben und unbehindert zu bleiben in allen Werken und an allen Städten.“ (R. d. U. 7) [19)]

„Dieses wahrhafte Haben Gottes liegt am Gemüt und an einem innigen, geistigen Sich-Hinwenden und Streben zu Gott, nicht (dagegen) an einem beständigen, gleichmäßigen Darandenken; denn das wäre der Natur unmöglich zu erstreben und sehr schwer und zudem nicht das Allerbeste. Der Mensch soll sich nicht genügen lassen an einem gedachten Gott; denn wenn der Gedanke vergeht, vergeht auch der Gott. Man soll vielmehr einen wesenhaften Gott haben, der weit erhaben ist über die Gedanken des Menschen und aller Kreatur. *Der* (Hervorhebung durch die Autorin) Gott vergeht nicht, der Mensch wende sich denn mit Willen von ihm ab. Wer Gott so (d.h.) im Sein hat, der nimmt Gott göttlich, und dem leuchtet er in allen Dingen; denn alle Dinge schmecken ihm nach Gott, und Gottes Bild wird ihm aus allen Dingen sichtbar. " (R. d. U. 6) [20)]

„Traun, dazu gehört Eifer und Hingabe und ein genaues Achten auf des Menschen Inneres und ein waches, wahres, besonnenes, wirkliches Wissen darum, worauf das Gemüt gestellt ist mitten in den Dingen und unter den Leuten. Dies kann der Mensch nicht durch Fliehen lernen, indem er vor den Dingen flüchtet und sich äußerlich in die Einsamkeit kehrt; er muss vielmehr eine innere Einsamkeit lernen, wo und bei wem er auch sei. Er muss lernen, die Dinge zu durchbrechen und seinen Gott darin zu ergreifen und den kraftvoll in einer wesenhaften Weise in sich hineinbilden zu können. (…) Dazu gehört zu Beginn notwendig Überlegung und ein aufmerksames Einprägen wie beim Schüler einer Kunst." (R. d. U. 6) [21)]

Wir haben schon dargelegt, dass beim Erlernen von neuen Umgangsweisen mit sich und anderen Übung erforderlich ist und ein klarer Weg, an dem man festhält, damit einen die ungewohnten neuen Erfahrungen nicht wieder vom Pfad abbringen können.

Dafür ist diese geistige Armut oder auch ein „Nicht-Kümmern" so entscheidend. Meister Eckhart sagt, es sei „ein lauteres In-sich-selbst-Stehen, wo es weder dies noch das gibt". (Predigt 3) [22)]

Diese Lauterkeit erlangt man nicht durch ein tatsächliches Unterbinden jeder Tätigkeit oder ein Fliehen vor allen Schwierigkeiten, sondern folgendermaßen:

„Nicht als ob man seinem Inneren entweichen oder entfallen oder absagen solle, sondern gerade in ihm und mit ihm und aus ihm soll man so wirken lernen, dass man die Innerlichkeit ausbrechen lasse in die Wirksamkeit und die Wirksamkeit hineinleite in die Innerlichkeit und dass man sich so gewöhne, ungezwungen zu wirken." (R. d. U. 23) [23)]

Dazu ist es eben notwendig, sich mit seinem Inneren zu beschäftigen.

Meister Eckhart spricht in seinem Traktat „Vom edlen Menschen" von einem inneren Menschen und einem äußeren Menschen: „Darum sagt die Schrift vom Menschen, es gebe in uns einen äußeren und einen anderen, den inneren Menschen. Zu dem äußeren Menschen gehört alles, was der Seele anhaftet, jedoch umfangen ist von und vermischt mit dem Fleische, und mit und in einem jeglichen Gliede ein körperliches Zusammenwirken hat, wie etwa mit dem Auge, dem Ohr, der Zunge, der Hand und dergleichen. (…) Der andere Mensch, der in uns steckt, das ist der innere Mensch." [24)]

Er nennt sechs Stufen auf dem Weg der Vervollkommnung des inneren Menschen:

„Die erste Stufe des inneren und des neuen Menschen, spricht Sankt Augustinus, ist es, wenn der Mensch nach dem Vorbilde guter und heiliger Leute lebt, dabei aber noch an den Stühlen geht und sich nahe bei den Wänden hält, sich noch mit Milch labt.

Die zweite Stufe ist es, wenn er jetzt nicht nur auf die äußeren Vorbilder, (darunter) auch auf gute Menschen, schaut, sondern läuft und eilt zur Lehre und zum Rate Gottes und göttlicher Weisheit, kehrt den Rücken der Menschheit und das Antlitz Gott zu, kriecht der Mutter aus dem Schoß und lacht den himmlischen Vater an.

Die dritte Stufe ist es, wenn der Mensch mehr und mehr sich der Mutter entzieht und er ihrem Schoß ferner und ferner kommt, der Sorge entflieht, die Furcht abwirft, so dass, wenn er gleich ohne Ärgernis aller Leute (zu erregen) übel und unrecht tun könnte, es ihn doch nicht danach gelüsten würde; denn er ist in Liebe so mit Gott verbunden in eifriger Beflissenheit, bis der ihn setzt und führt in Freude und in Süßigkeit und Seligkeit, wo ihm alles zuwider ist, was ihm (=Gott) ungleich und fremd ist.

Die vierte Stufe ist es, wenn er mehr und mehr zunimmt und verwurzelt wird in der Liebe und in Gott, so dass er bereit ist, auf sich zu nehmen alle Anfechtung, Versuchung, Widerwärtigkeit und Leid-Erduldung willig und gern, begierig und freudig.

Die fünfte Stufe ist es, wenn er allenthalben in sich selbst befriedet lebt, still ruhend im Reichtum und Überfluss der höchsten unaussprechlichen Weisheit.

Die sechste Stufe ist es, wenn der Mensch entbildet ist und überbildet von Gottes Ewigkeit und gelangt ist zu gänzlich vollkommenem Vergessen vergänglichen und zeitlichen Lebens und gezogen und hinübergewandelt ist in ein göttliches Bild, wenn er Gottes Kind geworden ist. Darüber hinaus noch höher gibt es keine Stufe, und dort ist ewige Ruhe und Seligkeit, denn das Endziel des inneren Menschen und des neuen Menschen ist: ewiges Leben." [25)]

In seinem Traktat „Von der Abgeschiedenheit" verdeutlicht er das Wirken des inneren und des äußeren Menschen sehr anschaulich am Bild einer Tür, die in ihrem Rahmen hängt und schwingt. Der Rahmen ist dabei der innere Mensch, der stets unbewegt und gelassen bleibt, ganz gleich, was der äußere Mensch, die Tür, gerade ausführt: „Nun gibt es manche Menschen, die verzehren die Kräfte der Seele ganz und gar in dem äußeren Menschen. Das sind die Leute, die alle ihre Sinne und Gedanken auf vergängliche Güter richten und nichts von dem inneren Menschen wissen. Wie nun ein guter Mensch manchmal den äußeren Menschen aller Kräfte der Seele beraubt, wenn sie eine hohe Aufgabe hat, so berauben tierische Leute den inneren Menschen aller Kräfte der Seele und gebrauchen sie für den äußeren Menschen. Nun musst du wissen, dass der äußere Mensch in Tätigkeit sein kann, während der innere gänzlich derselben entledigt und unbeweglich steht. (…) Nimm dafür ein Ebenbild: Eine Tür geht in einer Angel auf und zu. Nun vergleiche ich das äußere Brett an der Türe dem äußeren Menschen, und die Angel dem inneren Menschen. Wenn nun die Tür auf und zu geht, so bewegt sich das äußere Brett hin und her, und die Angel bleibt doch unbeweglich an einem Fleck und wird darum nicht im Geringsten verändert. In gleicher Weise ist es auch hier.“ [26)]

In diesem inneren Menschen gilt in seiner Vollendung: „Hier ist Gottes Grund mein Grund und mein Grund Gottes Grund. (…) Aus diesem innersten Grunde sollst du alle deine Werke wirken ohne Warum.“ (Predigt 6) [27)]

Dazu gilt es jedoch zu lassen, und zwar: „Jegliche Ich-Gebundenheit an irgendein Werk, das dir die Freiheit benimmt, in diesem gegenwärtigen Nun Gott zu Gebote zu stehen und ihm allein zu folgen in dem Lichte, mit dem er dich anweisen würde zum Tun und Lassen, frei und neu in jedem Nun, als ob du nichts anderes hättest noch wolltest noch könntest (…).“ (Predigt 2) [28)]

So erlangen wir wirkliche Fruchtbarkeit in unserem Tun, eine Kreativität und Schaffenskraft und neue Möglichkeiten. Hier geht es vor allem um das wahre Leben. Meister Eckhart schreibt sehr deutlich: „Was ist mein Leben? Was von innen her aus sich selbst bewegt wird. Das (aber) lebt nicht, was von außen bewegt wird.“ (Predigt 5) [29)]

Und: „Warum lebst du? Ich lebe darum, dass ich lebe. Das kommt daher, weil das Leben aus seinem eigenen Grund lebt und aus seinem Eigenen quillt; darum lebt es ohne Warum.“ (Predigt 6) [30)] An anderer Stelle schreibt er zu diesem Warum: „Warum lebst du? – Traun, ich weiß es nicht! Aber ich lebe gerne!“ (Predigt 49) [31)]

Diese „ohne Warum“ ist dabei entscheidend, um von der eigenen Zielfixiertheit wegzukommen: „Man soll Gott nicht als außerhalb von einem selbst erfassen und ansehen, sondern als mein Eigen und als das, was in einem ist; zudem soll man nicht dienen noch wirken um irgendein Warum, weder um Gott noch um die eigene Ehre noch um irgendetwas, was außerhalb von einem ist, sondern einzig um dessen willen, was das eigene Sein und das eigene Leben in einem ist.“ (Predigt 7) [32)]

Hier geht es um nichts weniger als um die Einheit mit Gott, mit dem Leben, mit dem alles umfassenden Urfeld, „da ist Fülle und Wonne der ganzen Gottheit, da ist Einheit“. (Predigt 29) [33)]

In seinem „Buch der göttlichen Tröstung“ schreibt Eckhart: „Je vollkommener und reiner die Kräfte der Seele sind, umso vollkommener und umfassender nehmen sie das, was sie erfassen, auf und empfangen umso mehr und empfinden umso größere Wonne und werden umso mehr eins mit dem, was sie aufnehmen, und zwar in dem Maße, dass (schließlich) die oberste Kraft der Seele, die aller Dinge bloß ist und mit nichts etwas gemein hat, nicht weniger als Gott selbst in der Weite und Fülle seines Seins aufnimmt.“ [34)]

In Predigt 6 schreibt er: „Geh völlig aus dir selbst heraus um Gottes Willen, so geht Gott völlig aus sich selbst heraus um deinetwillen. Wenn diese beiden herausgehen, so ist das, was da bleibt, ein einfaltiges Eins.“ [35)] Es ist hier wichtig zu betonen, dass Eckhart hier natürlich nicht „einfältig“ meint, sondern in einer seiner schönen Wortschöpfungen wirklich einfaltig. „So sind auch jene Leute einfaltig, die zur (inneren) Eins (zusammen-) gefaltet sind.“ (Predigt 56) [36)]

In diesem Einen gibt es keinerlei Verschiedenheit mehr. Über dieses „einige Eine“, wie er es auch oft nennt, sagt er in seiner Predigt 24: „Hier sind alle Grasblättchen und Holz und Stein und alle Dinge Eines. (…) Ja, Holz und Stein und Knochen und alle Gräslein sind dort im Uranfang samt und sonders Eines gewesen. Tut das aber nun schon diese (irdische) Natur, was tut dann (erst) die Natur, die da ganz bloß ist in sich selbst, die weder dies noch jenes sucht, die vielmehr allem anderen entwächst und nur der ersten Lauterkeit zueilt!“ [37] „Und darum musst du notwendig im Sein und im Grunde sein und weilen: dort muss dich Gott mit seinem einfaltigen Sein berühren, ohne Vermittlung irgendeines Bildes.“ (Predigt 57) [38]

Von der Quantenphysik kennen wir bereits den Begriff des „Urfeldes“ in dem alles Eins und alles möglich ist. Aus diesem Urfeld heraus ist noch nichts Realität geworden.

Eckhart beschreibt es so: „...alles, was hier stofflich ist, das ist dort in Gott Geist.“ (Predigt 29) [39] Und: „Gott wirkt oberhalb des Seins in der Weite, wo er sich regen kann; er wirkt im Nichtsein. Ehe es noch das Sein gab, wirkte Gott; er wirkte Sein, als es Sein noch nicht gab. (...) In Gott sind aller Dinge Urbilder gleich; aber sie sind ungleicher Dinge Urbilder.“ (Predigt 10) [40]

In diesem Einen gibt es keine Zeit. Schrödinger schreibt dazu: „Denn es ist ewig und immer nur jetzt, dieses eine und selbe Jetzt, die Gegenwart ist das Einzige, das nie ein Ende nimmt.“ [41] Es gibt auch keine Trennung des Raumes, denn dieses Urfeld ist überall unmittelbar, und seine Wirkungen sind überall zugleich spürbar. Quantenphysikalisch wäre dies durch die Verschränkung von Teilchen zu erklären. Dieses Prinzip geht davon aus, dass zwei Teilchen durch eine gemeinsame Behandlung verbunden werden können. Trennt man sie und ändert den Zustand des einen, ändert sich das andere unmittelbar mit. Wir können uns dies vielleicht vorstellen, wenn wir an Bohms Ozean denken, der die einzelnen Wellen miteinander verbindet und über Raum und Zeit hinweg Informationen weitergeben kann.

Meister Eckhart beschreibt das so: „Was jenseits des Meeres ist oder über tausend Meilen entfernt, das ist ihr (der Seele) ebenso eigentlich bekannt und gegenwärtig wie diese Stätte, an der ich stehe.“ (Predigt 14) [42]

Was für eine wunderbare Übereinstimmung zwischen diesen alten mystischen Aussagen und der modernen Quantenphysik!

Meister Eckhart weist uns den Weg zu diesem Urfeld, zur Einheit mit Gott. Dabei gibt es seiner Ansicht nach – ganz im Sinne der Quantenphysik – folgende Dinge, die uns auf diesem Weg behindern: „Drei Dinge hindern den Menschen, so dass er Gott auf keinerlei Weise erkennen kann. Das erste ist Zeit, das zweite Körperlichkeit, das dritte Vielheit. Solange diese drei in mir sind, ist Gott nicht in mir noch wirkt er in mir in eigentlicher Weise. (…) Diese Dinge müssen stets hinaus, soll Gott hinein, es sei denn, du hättest sie in einer höheren und besseren Weise so, dass die Vielheit zur Eins in dir geworden wäre.“ (Predigt 12) [43)]

In seiner elften Predigt ergänzt er: „Solange der Mensch Zeit und Raum hat und Zahl und Vielheit und Menge, so ist er gar unrecht daran und ist Gott fern und fremd.“ (Predigt 11) [44)]

„Darum, willst Du leben und willst Du, dass deine Werke leben, so musst du für alle Dinge tot und zunichte geworden sein. Es ist der Kreatur eigen, dass sie aus etwas etwas mache; Gott aber ist es eigen, dass er aus nichts etwas macht. Soll daher Gott etwas in dir oder mit dir machen, so musst du vorher zu nichts geworden sein. Und darum geh in deinen inneren Grund und wirke dort; die Werke aber, die du dort wirkst, die sind alle lebendig. [45)] (…) Darum kehre dich von allen Dingen, und nimm dich rein im Sein.“ (Predigt 25) [46)]

„Wäre der Geist allzeit mit Gott in dieser Kraft (der Seele) vereint, der Mensch könnte nicht altern; denn das Nun, darin Gott den ersten Menschen schuf, und das Nun, darin der letzte Mensch vergehen wird, und das Nun, darin ich spreche, die sind gleich in Gott und sind nichts als ein Nun.“ (Predigt 2) [47)]

Das sind wunderbare Perspektiven, auch wenn es ein sehr weiter Weg scheint, da unsere „Realität“ oft so anders aussieht. Ein erster, kleiner, aber wesentlicher Schritt dahin, der uns allerdings oft bereits so schwerfällt, besteht in der Wahrnehmung des eigenen Selbst. Dabei kann uns das beruhigende Wissen helfen:

„Gott ist ein Gott der Gegenwart. Wie er dich findet, so nimmt und empfängt er dich, nicht als das, was du gewesen, sondern als das, was du jetzt bist.“ (R. d. U. 12) [48)]

16

Wille – Dein Wille geschehe – oder meiner?

Nun kommen wir an den Punkt, wo wir überlegen sollten, wie wir unsere eigene Realität gestalten können.

Wie wir schon gesehen haben, wird nicht einfach alles Realität, was wir denken oder wünschen. Es gibt Warnkes Meinung nach vier Punkte, die bei der „Realitätsschaltung" in der Natur berücksichtigt sind:

- „Nicht die Gedanken allein schalten Realität, sondern auch die gleichzeitig investierten Emotionen und Stimmungen."
- „Nur ein Kollektiv von Menschen mit identischen Emotionen und Stimmungen schaltet unmittelbare Realität auch außerhalb des eigenen Körpers."
- „Emotionen können nur dann unmittelbar Realität schalten, wenn diese Schaltung eingeübt, gelernt, konditioniert wurde. Beispiele: Rituale, Autogenes Training, Meditation, Yoga, Psychosomatische Erkrankungen."
- „Nur wenn Umweltinformationen stark suggestiv wirksam werden, kann eine Emotion auch sofortige Schaltung auslösen, etwa in Extremsituationen, bei einem Unfall, aber auch als Placebo-/Nocebo-Effekt, unter Hypnose oder an einem spirituell suggestiven Ort, beispielsweise in einem mittelalterlichen Dom." [1)]

Wie Sie sehen, unterscheidet er einmal zwischen Realitätsschaltungen innerhalb des eigenen Körpers – worauf wir allein Einfluss zu haben scheinen – und außerhalb des eigenen Körpers, wozu es viele Menschen gleichen Willens bedarf. Zusätzlich gibt er an, dass es nicht nur die Gedanken sind, sondern auch die investierten Gefühle und Emotionen, und diese Grundhaltung bedarf auch noch einer besonderen Übung und eines besonderen Umfeldes.

Schauen wir uns mit Meister Eckhart an, wie diese Übung aussieht und was er dazu zu sagen hat, denn er ist ja ein besonderer Lehr- und Lebensmeister.

Als wichtigsten Punkt unterscheidet er zuerst einmal radikal zwischen dem Eigenwillen und dem Willen Gottes, was nicht weiter verwundern darf, hat er doch zuvor schon den Weg der Gelassenheit gewiesen, also des absoluten Loslassens des Eigenwillens und der Verhaftung an irgendwelche Dinge.

Hier geht es jedoch bei Weitem nicht um ein stumpfes Sich-fügen in den göttlichen Willen und um ein Leben in Not und Armut, sondern um das Leben in Glück und Fülle! Er sagt: „ Gott (aber) zwingt den Willen nicht, er setzt ihn vielmehr so in Freiheit, dass er nichts anderes will, als was Gott selber ist und was die Freiheit selbst ist. Und der Geist (hinwieder) vermag nichts anderes zu wollen, als was Gott will; dies aber ist nicht seine Unfreiheit, es ist seine ureigene Freiheit.“ (Predigt 29) [2)]

So gut die eigene Absicht auch sein mag, so sehr können wir doch noch an irgendwelchen Dingen kleben, die wir meinen, zu unserem Glück unbedingt haben zu wollen.

So sagt er: „Viele Leute sagen: „Wir haben guten Willen“, sie haben aber nicht Gottes Willen; sie wollen ihren Willen haben und unseren Herrn lehren, es so oder so zu machen. Das ist kein guter Wille.“

(R. d. U. 11) [3] Und weiter: „Wer irgendetwas sucht oder erstrebt, der sucht und erstrebt das Nichts, und wer um irgendetwas bittet, dem wird das Nichts zuteil. Aber wer nichts sucht und nichts erstrebt als rein nur Gott, dem entdeckt und gibt Gott alles, was er verborgen hat in seinem göttlichen Herzen, auf dass es ihm ebenso zu eigen wird, wie es Gottes Eigen ist, nicht weniger und nicht mehr, dafern er nur unmittelbar nach Gott allein strebt." (Predigt 12) [4]

Eckhart liefert in wunderbaren Bildern Beispiele für unseren Umgang mit dem Gebet und unseren Wünschen an Gott. Einmal beschreibt er unsere Haltung mit dem Halten und Lieben einer Kuh, von der wir uns Milch und Käse erhoffen (Predigt 16) [5], ein anderes Mal mit dem Bild einer Kerze: „Wisse, wenn immer du irgendwie das Deine suchst, so findest du Gott nimmer, weil du nicht ausschließlich Gott suchst. Du suchst etwas mit Gott und tust gerade so, wie wenn du aus Gott eine Kerze machtest, auf das man etwas damit suche; und wenn man die Dinge findet, die man sucht, so wirft man die Kerze hinweg." (Predigt 4) [6]

Diese Bilder sind sehr eindrücklich und irgendwie auch erschreckend, denn wer möchte aus Gott schon eine Kuh oder eine Kerze machen?

Sie sollen uns wachrütteln, unsere Beziehung zu Gott zu überdenken und vor allem auch zu begreifen, dass er uns alles geben will und wird, solange wir uns ihm überlassen. „Wer alle Dinge empfangen will, der muss auch alle Dinge hergeben. Das ist ein gerechter Handel und ein gleichwertiger Austausch." (R. d. U. 23) [7] „Wo der Mensch in Gehorsam aus seinem Ich herausgeht und sich des Seinen entschlägt, ebenda muss Gott notgedrungen hinwiederum eingehen." (R. d. U. 1) [8]

Dies kann uns Mut machen, wirklich alles loszulassen.

„Der Mensch muss sich daran gewöhnen, in nichts das Seine zu suchen und zu erstreben, vielmehr in allen Dingen Gott zu finden und zu erfassen." (R. d. U. 21) [9] So finden wir das Glück überall und in allen Dingen. „Wer Gott so (d.h.) im Sein hat, der nimmt Gott göttlich, und dem leuchtet er in allen Dingen; denn alle Dinge schmecken ihm nach Gott, und Gottes Bild wird ihm aus allen Dingen sichtbar." (R. d. U. 6) [10]

Dabei gibt Eckhart ein klares Kriterium an: „Solange du mit deinen Werken irgendwie mehr (noch) auf dich selbst hingewendet bist oder auf einen Menschen mehr als auf einen anderen, solange ist Gottes Wille noch nicht recht dein Wille geworden." (Predigt 38) [11]

„Der Mensch, der nun so in Gottes Willen steht, der will nichts anderes, als was Gott ist und was Gottes Wille ist." (Predigt 13) [12] „Und was du zuvor suchtest, das sucht nun dich; wem du zuvor nachjagtest, das jagt nun dir nach; und was zuvor du fliehen mochtest, das flieht nun dich. Darum: wer Gott eng anhaftet, dem haftet alles an, was göttlich ist, und den flieht alles, was Gott ungleich und fremd ist." (R. d. U. 5) [13]

Hier geht es noch weiter, denn Meister Eckhart schafft hier die Wirkung der Zeit und Entfernung ab. Er lehrte ja bereits, dass Zeit, Körper, also räumliche Ausdehnung, und Vielheit uns von Gott trennen. „Wisset nun, alle unsere Vollkommenheit und alle unsere Seligkeit hängt daran, dass der Mensch durchschreite und hinausschreite über alle Geschaffenheit und alle Zeitlichkeit und alles Sein und eingehe in den Grund, der grundlos ist." (Predigt 39) [14]

Im Folgenden beschreibt er etwas, was uns nach unserem Wissen über das „Meer der Möglichkeiten" und der Ewigkeit der Gegenwart nicht mehr fremd sein dürfte: „Dir kann's an nichts gebrechen, wenn Du einen wahren, rechten Willen hast, weder an Liebe noch an Demut noch an irgendwelcher Tugend. Vielmehr, was du kräftig und mit ganzem Willen willst, das hast du, und Gott und alle Kreaturen können dir das nicht wegnehmen, wenn anders der Wille ein ganzer und ein recht göttlicher Wille und auf die Gegenwart gerichtet ist. Nicht also: „Ich möchte nächstens", das wäre noch zu zukünftig, sondern: „Ich will, dass es jetzt so sei!" Hör zu: Wäre etwas tausend Meilen weit weg, will ich es haben, so habe ich's eigentlicher als das, was ich in meinem Schoß habe und nicht haben will. [15)] (...) Nun könntest du fragen, wann der Wille ein rechter Wille sei? Dann ist der Wille vollkommen und recht, wenn er ohne jede Ich-Bindung ist und wo er sich seiner selbst entäußert hat und in den Willen Gottes hineingebildet und -geformt ist. Ja, je mehr dem so ist, desto rechter und wahrer ist der Wille. Und in solchem Willen vermagst du alles, es sei Liebe oder was du willst." (R. d. U. 10) [16)]

Zum Schluss komme ich mit Meister Eckhart noch auf einen wichtigen Punkt zu sprechen, den wir weiter oben anhand des Erlernens eines guten Umgangs mit sich und anderen schon erörtert haben, nämlich die Rückversicherung über das Gefühl und die Sinneswahrnehmung. Diese führen uns allzu leicht in die Irre oder lassen uns doch wieder etwas suchen und wollen, nämlich das eigene Wohlgefühl, anstatt uns hinzugeben und auf unseren guten Willen zu vertrauen.

Eckhart sagt dazu: „Nun fragst du: „Wie könnte ich die Liebe haben, solange ich sie nicht empfinde noch ihrer gewahr werde, wie ich es an vielen Menschen sehe, die große Werke aufzuweisen haben und an denen ich große Andacht und wunders was finde, wovon ich nichts habe?" Hier musst du zwei Dinge beachten, die sich in der Liebe finden: Das eine ist das Wesen der Liebe, das andere ist ein Werk der Liebe oder ein Ausbruch der Liebe. Die Stätte des Wesens der Liebe ist allein im Willen; wer mehr Willen hat, der hat auch mehr Liebe. [17)] (...) Nun gibt's aber noch ein zweites: das ist ein Ausbruch und ein Werk der Liebe. Das sticht recht in die Augen, wie Innigkeit und Andacht und Jubilieren, und ist dennoch allwegs das Beste nicht. Denn es stammt mitunter gar nicht von der Liebe her, sondern es kommt bisweilen aus der Natur, dass man solches Wohlgefühl und süßes Empfinden hat, oder es mag des Himmels Einfluss oder auch durch die Sinne eingetragen sein; und die dergleichen öfter erfahren, das sind nicht allwegs die Allerbesten. Denn sei's auch, dass es wirklich von Gott stamme, so gibt unser Herr das solchen Menschen, um sie zu locken oder zu reizen und auch wohl, auf dass man dadurch von anderen Menschen recht ferngehalten wird. Wenn aber diese selben Menschen hernach an Liebe zunehmen, so mögen sie leicht nicht mehr so viel Gefühle und Empfindungen haben, und daran erst wird ganz deutlich, dass sie Liebe haben: wenn sie (auch) ohne solchen Rückhalt Gott ganz und fest die Treue bewahren." (R. d. U. 10) [18)]

Dieser Weg ist sicher kein leichter, doch weist Meister Eckhart immer wieder auch auf die Freude hin, die einen erwartet: „Niemand soll glauben, dass es schwer sei, hierzu zu gelangen, wenngleich es schwer klingt und auch schwer ist am Anfang und im Abscheiden und Absterben gegenüber allen Dingen. Aber, wenn man (erst) hineinkommt, so hat es nie ein leichteres, lustvolleres und liebenswerteres Leben gegeben." (Predigt 36) [19)]

Echkart schreibt über die Werke, die wir aus diesem Grunde mit Gott wirken können: „Und nicht nur durch eine jegliche Tugend, sondern auch durch jegliches Werk des Gerechten, wie gering es auch sein mag, das durch den Gerechten in der Gerechtigkeit gewirkt wird, durch das wird Gott erfreut, ja durchfreut; denn nichts bleibt in seinem Grunde, was nicht von Freude durchkitzelt würde." (Predigt 25) [20)]

Eckhart macht uns Mut, indem er schreibt: „Wahrhaftig! Wer in solcher Weise getreu wäre, in dem hätte Gott so unaussprechlich große Freude, dass, wenn man ihm diese Freude nähme, man ihm sein Leben und sein Sein und seine Gottheit gänzlich nähme. Ich sage aber noch mehr – erschrecket nicht! denn diese Freude ist euch nahe und ist in euch! – : Es ist keiner von euch so grobsinnig noch so klein an Fassungskraft noch so weit davon entfernt, dass er diese Freude nicht mit Freude und mit Erkenntnis so, wie sie wahrheitsgemäß ist, in sich finden könnte, noch ehe ihr heute aus dieser Kirche kommt, ja, noch ehe ich heute meine Predigt beendige; er kann's ebenso gewiss in sich finden, erleben und haben, wie Gott Gott ist und ich Mensch bin!" (Predigt 27) [21)]

Und an anderer Stelle: „Lausche (denn) auf das Wunder! Wie wunderbar: draußen stehen wie drinnen, begreifen und umgriffen werden, schauen und (zugleich) das Geschaute selbst sein, halten und gehalten werden – das ist das Ziel, wo der Geist in Ruhe verharrt, der lieben Ewigkeit vereint." (Predigt 28) [22)]

17

Das ewige Leben – Was passiert „danach"?

Die Frage nach dem „danach" stellen sich viele Menschen und meinen das „Leben nach dem Leben". In der Tiefe durchdacht, ist das irreführend, denn in der Ewigkeit gibt es keine Zeit.

Ich möchte daher dieses Buch mit einem Abschnitt aus der 32. Predigt Meister Eckharts schließen und mache Ihnen den Vorschlag, diesen Text in Ruhe auf sich wirken zu lassen.

„Darum bitte ich Gott, dass er mich Gottes quitt mache; denn mein wesentliches Sein ist oberhalb von Gott, sofern wir Gott als Beginn der Kreaturen fassen. In jenem Sein Gottes nämlich, wo Gott über allem Sein und über alle Unterschiedenheit ist, dort war ich selber, da wollte ich mich selber und erkannte mich selber (willens), diesen Menschen (= mich) zu schaffen. Und darum bin ich die Ursache meiner selbst meinem Sein nach, das ewig ist, nicht aber meinem Werden nach, das zeitlich ist. Und darum bin ich ungeboren, und nach der Weise meiner Ungeborenheit kann ich niemals sterben. Nach der Weise meiner Ungeborenheit bin ich ewig gewesen und bin ich jetzt und werde ich ewiglich bleiben. Was ich nach meiner Geborenheit nach bin, das wird sterben und zunichte werden, denn es ist sterblich; darum muss es mit der Zeit verderben. In meiner (ewigen) Geburt wurden alle Dinge geboren, und ich war Ursache meiner selbst und aller Dinge; und hätte ich gewollt, so wäre weder ich noch wären alle Dinge; wäre aber ich nicht, so wäre auch „Gott" nicht: dass Gott „Gott" ist, dafür bin ich die Ursache; wäre ich nicht, so wäre Gott nicht „Gott". [1] (…) Als ich aus Gott floss, da sprachen alle Dinge: Gott ist. Dies aber kann mich nicht selig machen, denn hierbei erkenne ich mich als Kreatur. In dem Durchbrechen aber, wo ich ledig stehe meines eigenen Willens und des Willens Gottes und aller seiner Werke und Gottes selber, da bin ich über allen Kreaturen und bin weder „Gott" noch Kreatur, bin vielmehr, was ich war und was ich bleiben werde jetzt und immerfort. [2] (…)

Dass wir so leben mögen, dass wir es erfahren, dazu helfe uns Gott. Amen." [3]

Danke...

... an P. Provinzial Thomas Gabriel Brogl OP, der mir meinen Weg zu Meister Eckhart und damit zu Gott in mir gewiesen hat, mich in den Dominikanerorden und wieder hinaus begleitet hat und mir ein guter Freund geworden ist.

... an Ursula Albrecht, die mir durch ihr wundervolles Lesen den Weg zu einem tieferen Verständnis des Wortes eröffnet hat, mir eine liebe Schwester in der Tiefe und Freundin geworden ist und mich durch ihre frische, mutige, grenzenlose und frohe Art stets ermutigte weiterzugehen, und die mir den „Auftrag“ gegeben hat, dieses Buch zu schreiben.

... an meine Mutter Anna-Maria Holst-Otto, die stets für mich da war, obwohl sie mich oftmals nicht verstehen konnte, und die sich gerne fragte, wie sie mich bloß so groß gekriegt hat, und mich, woher ich das alles habe.

... an meinen Vater Karl-Heinz Otto, von dem ich zur Verwunderung und Freude meiner Chefs das Löten gelernt habe und der mir in vielen Sitzungen à la „Jugend forscht“ bei meinen Computer-Projekten zur Seite stand.

... an meine Ausbilder in F. M. Alexander-Technik Aranka Fortwängler, Michael Fortwängler, Cathy Madden, Shmuel Nelken und Giora Pinkas, die mir den Weg ins Nicht-Tun im Tun gezeigt haben.

... an meine liebe Freundin und AT-Kollegin Rosa Luisa Rossi, die mit mir geduldig und mutig den Weg gegangen ist, die rechte und die linke Gehirnhälfte in unserer Arbeit zusammenzubringen, und die mir „zu meinem großen Erstaunen“ gezeigt hat, dass nicht alle Menschen Wissenschaft verstehen können, wenn man nicht Hirn, Herz und Hand zusammenbringt.

… an meinen Physik-Lehrer, dessen Namen ich vergessen habe, der aber auf eine Frage nach einem verstehbaren Zusammenhang nur sagte „probieren Sie’s mal mit π“ und damit in mir – wie ich Jahre später verstand – durch diesen Frust den Grundstein für mein unermüdliches Bemühen legte, den Dingen auf den Grund zu gehen.

… an meinen Diplom-Betreuer Prof. Dr. Stefan Schuster, der mich früh gelehrt hat, keine Angst vor der Physik und der Technik zu haben, indem er mich meine komplexe Apparatur jeden Morgen neu aufbauen ließ, bis ich jedes Kabel „beim Vornamen“ kannte, was mir meine spätere Arbeit im Labor sehr erleichterte, und der mir später ein guter Freund geworden ist, mit dem ich tiefere Zusammenhänge besprechen und durchdenken konnte.

… an Alexander Weinmann, der mir durch seine Fragen und Gedanken den Weg mit diesem Buch ebnete.

… an Daniel Forsnabba, der mir seit unserer gemeinsamen Ausbildungszeit ein guter Freund ist und mich durch seine unbefangene und mutige Art, seinen Weg zu gehen, immer wieder beeindruckt und mir praktische Wege aufzeigt.

… an meine Lektoren und Verleger vom Crotona Verlag Annette Wagner und Peter Michel für die Glättung und Kürzung des Manuskriptes, die Umschlaggestaltung und das schöne Layout.

… und nicht zuletzt an Gott, von dem ich lange nichts ahnte, der mich aber stets auf wunderbar verschlungenen Wegen geführt hat, immer einem roten Faden auf der Spur.

Literaturhinweise

Vorwort

1) Bohr in Heisenberg: Positivismus, Metaphysik und Religion, S. 264

Kapitel 2

1) Kaku, S. 68
2) Ebenda, S. 69-71
3) Ebenda, S. 72
4) https://www.klinikum.uni-heidelberg.de/fileadmin/zpm/psychatrie/fuchs/Person.pdf, S.13

Kapitel 3

1) Einstein und Infeld, S. 42
2) Ebenda, S. 257
3) Ebenda, S. 187
4) Ebenda, S. 197
5) Ebenda, S. 204
6) Ebenda, S. 209
7) Ebenda, S. 209
8) Tolan S. 136
9) Einstein und Infeld, S. 217
10) Ebenda, S. 254
11) Ebenda, S. 259
12) Ebenda, S. 257
13) Ebenda, S. 263

Kapitel 4

1) Rovelli S. 126

2) Ebenda, S. 135
3) Heisenberg: Quantentheorie und Philosophie, S. 21
4) Jordan S. 185
5) Görnitz S. 461
6) Ebenda, S. 464
7) https://de.wikipedia.org/wiki/Stringtheorie, 04.11.2017, 13:04
8) Rovelli S. 152-153
9) Born S. 86
10) Bohr S. 101

Kapitel 5

1) Görnitz, S. 409
2) Heisenberg: Quantentheorie und Philosophie, S. 39
3) Ebenda, S. 50-51
4) Ebenda, S. 51
5) Ebenda, S. 51
6) Ebenda, S. 52-53
7) Ebenda, S. 55
8) Görnitz, S. 389-390
9) Ebenda, S. 452
10) Ebenda, S. 406
11) Bohm: Fragmentierung und Ganzheit, S. 221
12) Bohm und Weber: Die Implizite Ordnung und die supra-implizite Ordnung, S. 45
13) Görnitz, S. 385-386
14) Bohm: Fragmentierung und Ganzheit, S. 225
15) Planck, S. 50

Kapitel 6

1) Görnitz, S. 310
2) Sheldrake: Das Gedächtnis der Natur, S. 313
3) Ebenda, S. 67
4) Sheldrake: Das schöpferische Universum, S. 357

5) Ebenda, S. 359-360
6) Ebenda, S. 350-351

Kapitel 7

1) Heisenberg: Positivismus, Metaphysik und Religion, S. 263

Kapitel 8

1) Sheldrake: Das schöpferische Universum, S. 357-358
2) Heisenberg: Ordnung der Wirklichkeit, S. 35-37
3) Ebenda, S. 41
4) Ebenda, S. 43
5) Ebenda, S. 57
6) Ebenda, S. 57
7) Ebenda, S. 58
8) Ebenda, S. 83
9) Ebenda, S. 86
10) Ebenda, S. 130
11) Ebenda, S. 167
12) Ebenda, S. 167 – 168
13) Dürr-Interview
14) Meister Eckhart, S. 290

Kapitel 9

1) Dürr: Geist, Kosmos und Physik, S. 60
2) Görnitz, S. 515
3) Dürr: Geist, Kosmos und Physik, S. 65
4) Ebenda, S. 67

Kapitel 10

1) Warnke, S. 78
2) Ebenda, S. 79
3) Ebenda, S. 80
4) Ebenda, S. 124-125

Kapitel 11

1) Augustinus, Bekenntnisse (Confessiones), 397-401. XI, 14
2) https://de.wikipedia.org/wiki/Ludwig_Boltzmann, 23.10.2017, 18:15
3) Rovelli, S. 269-270
4) Ebenda, S. 279
5) Görnitz, S. 326
6) Rovelli, S. 197
7) Ebenda, S. 168-170
8) Ebenda, S. 197
9) Ebenda, S. 199
10) Ebenda, S. 204
11) Ebenda, S. 216
12) Görnitz, S. 482
13) Meister Eckhart, S. 352
14) Ebenda, S. 383
15) Ebenda, S. 397

Kapitel 12

1) Görnitz, S. 185
2) Ebenda, S. 186
3) Ebenda, S. 110
4) Ebenda, S. 44
5) Ebenda, S. 100
6) Ebenda, S. 101
7) Ebenda, S. 697
8) Ebenda, S. 13
9) Ebenda, S. 178
10) Ebenda, S. 592
11) Ebenda, S. 214

Kapitel 13

1) Schrödinger, S. 150
2) Bohm, Fragmentierung und Ganzheit, S. 209

3) Ebenda, S. 216
4) Ebenda, S. 226-227
5) Ebenda, S. 227
6) Ebenda, S. 227
7) Ebenda, S. 229
8) Ebenda, S. 229
9) Ebenda, S. 229-230
10) Ebenda, S. 216
11) Ebenda, S. 216
12) Ebenda, S. 230
13) Ebenda, S. 231
14) Ebenda, S. 241
15) Warnke, S. 67

Kapitel 14

1) Alexander, Gebrauch des Selbst, Kap.1
2) Fromm, Die Kunst des Liebens, Kap.4
3) Alexander, Gebrauch des Selbst, Kap.1
4) Ebenda, Kap.1
5) Meister Eckart, S. 381

Kapitel 15

1) Meister Eckhart, S. 55
2) Ebenda, S. 177
3) Ebenda, S. 326-327
4) Ebenda, S. 96
5) Ebenda, S. 159
6) Ebenda, S. 285
7) Ebenda, S. 300
8) Ebenda, S. 214-215
9) Ebenda, S. 309
10) Ebenda, S. 303
11) Ebenda, S. 304
12) Ebenda, S. 304-305

13) Ebenda, S. 305
14) Ebenda, S. 305-306
15) Ebenda, S. 430
16) Ebenda, S. 307
17) Ebenda, S. 57
18) Ebenda, S. 69
19) Ebenda, S. 63
20) Ebenda, S. 60
21) Ebenda, S. 61
22) Ebenda, S. 167
23) Ebenda, S. 94
24) Ebenda, S. 140
25) Ebenda, S. 142-143
26) Meister Eckhart, Von der Abgeschiedenheit
27) Meister Eckart, S. 180
28) Ebenda, S. 160
29) Ebenda, S. 176
30) Ebenda, S. 180
31) Ebenda, S. 384
32) Ebenda, S. 186
33) Ebenda, S. 293
34) Ebenda, S. 115
35) Ebenda, S. 181
36) Ebenda, S. 412
37) Ebenda, S. 264-265
38) Ebenda, S. 419
39) Ebenda, S. 292
40) Ebenda, S. 196
41) Schrödinger, S. 150
42) Meister Eckhart, S. 221
43) Ebenda, S. 208
44) Ebenda, S. 205
45) Ebenda, S. 267
46) Ebenda, S. 270

47) Ebenda, S. 162
48) Ebenda, S. 72

Kapitel 16

1) Warnke, S. 155
2) Meister Eckhart, S. 291
3) Ebenda, S. 69
4) Ebenda, S. 211
5) Ebenda, S. 227
6) Ebenda, S. 170-171
7) Ebenda, S. 95
8) Ebenda, S. 53
9) Ebenda, S. 89
10) Ebenda, S. 60
11) Ebenda, S. 337
12) Ebenda, S. 216
13) Ebenda, S. 58
14) Ebenda, S. 342
15) Ebenda, S. 65
16) Ebenda, S. 66
17) Ebenda, S. 66
18) Ebenda, S. 67
19) Ebenda, S. 326
20) Ebenda, S. 267
21) Ebenda, S. 275-276
22) Ebenda, S. 285

Kapitel 17

1) Meister Eckhart, S. 308
2) Ebenda, S. 308
3) Ebenda, S. 309

Literatur

F. M. Alexander: Der Gebrauch des Selbst, Karger Verlag, Freiburg, Basel 2001

Aurelius Augustinus: Bekenntnisse (Confessiones), 397-401. XI, 14

David Bohm: „Fragmentierung und Ganzheit" aus: Hans-Peter Dürr (Hrsg.): Physik & Transzendenz – Die großen Physiker unserer Zeit über ihre Begegnung mit dem Wunderbaren, Driediger 2010

Niels Bohr: „Einheit des Wissens" aus: Hans-Peter Dürr (Hrsg.): Physik & Transzendenz – Die großen Physiker unserer Zeit über ihre Begegnung mit dem Wunderbaren, Driediger 2010

Max Born: „Physik und Metaphysik" aus: Hans-Peter Dürr (Hrsg.): Physik & Transzendenz – Die großen Physiker unserer Zeit über ihre Begegnung mit dem Wunderbaren, Driediger 2010

Hans-Peter Dürr: Geist, Kosmos und Physik – Gedanken über die Einheit des Lebens, Crotona 2016

Hans-Peter Dürr: Was unsere Welt im Innersten zusammenhält – Hans-Peter Dürr im Gespräch mit bedeutenden Vordenkern, Philosophen und Wissenschaftlern, Scorpio 2012

Hans-Peter Dürr: Wirklichkeit – Interview von Peter Ludwig, Chateau d'Orion Denk-wochen 2008, https://www.youtube.com/watch?v=36-04IttSD4, 18.12.2016, 16:58

Meister Eckhart: Deutsche Predigten und Traktate, herausgegeben von Josef Quint, Diogenes 1979

Meister Eckharts mystische Schriften, übertragen von Gustav Landauer, Karl Schnabel, Berlin 1903

Albert Einstein und Leopold Infeld: Die Evolution der Physik, Anaconda Verlag 2014

Erich Fromm: Die Kunst des Liebens, Econ Taschenbuch Verlag 2000

Thomas Fuchs: Der Begriff der Person in der Psychiatrie, überarbeitete und gekürzte Fassung der am 05.07.1999 an der Psychiatrischen Universitätsklinik Heidelberg gehaltenen Antrittsvorlesung

Thomas Görnitz & Brigitte Görnitz: Von der Quantenphysik zum Bewusstsein – Kosmos, Geist und Materie, Springer Verlag 2016

Werner Heisenberg: Ordnung der Wirklichkeit, Piper 1989

Werner Heisenberg: Quantentheorie und Philosophie – Vorlesungen und Aufsätze, herausgegeben von Jürgen Busche, Reclam 1979

Werner Heisenberg: „Positivismus, Metaphysik und Religion" aus: Hans-Peter Dürr (Hrsg.): Physik & Transzendenz – Die großen Physiker unserer Zeit über ihre Begegnung mit dem Wunderbaren, Driediger 2010

Pascual Jordan: „Die weltanschauliche Bedeutung der modernen Physik" aus: Hans-Peter Dürr (Hrsg.): Physik & Transzendenz – Die großen Physiker unserer Zeit über ihre Begegnung mit dem Wunderbaren, Driediger 2010

Michio Kaku: Die Physik des Bewusstseins – über die Zukunft des Geistes, rororo 2014

Wolfgang Pauli: „Die Wissenschaft und das abendländische Denken" aus: Hans-Peter Dürr (Hrsg.): Physik & Transzendenz – Die großen Physiker unserer Zeit über ihre Begegnung mit dem Wunderbaren, Driediger 2010

Max Planck: „Religion und Naturwissenschaft" aus: Hans-Peter Dürr (Hrsg.): Physik & Transzendenz – Die großen Physiker unserer Zeit über ihre Begegnung mit dem Wunderbaren, Driediger 2010

Rudolf Rehn (Hrsg.): Platons Höhlengleichnis. Das Siebte Buch der Politeia. Dieterich'sche Verlagsbuchhandlung, Mainz 2005

Carlo Rovelli: Die Wirklichkeit, die nicht so ist, wie sie scheint, Rowohlt Verlag 2017

Erwin Schrödinger: „Die vedantische Grundansicht" aus: Hans-Peter Dürr (Hrsg.): Physik & Transzendenz – Die großen Physiker unserer Zeit über ihre Begegnung mit dem Wunderbaren, Driediger 2010

Rupert Sheldrake: Das Schöpferische Universum – Die Theorie des morphogenetischen Feldes, Ullstein Verlag 2016

Rupert Sheldrake: Das Gedächtnis der Natur – Das Geheimnis der Entstehung der Formen, Scherz Verlag 2016

Metin Tolan: Die Star Trek Physik – Warum die Enterprise nur 158 Kilo wiegt und andere galaktische Erkenntnisse, Piper Verlag 2016

Ulrich Warnke: Quantenphilosophie und Spiritualität – Der Schlüssel zu den Geheimnissen des menschlichen Seins, Scorpio 2011

Renée Weber: Alles Leben ist eins – Die Begegnung von Quantenphysik und Mystik, Crotona Verlag 2012